Mexique

MEXIQUE

PHOTOGRAPHIES PASCALE BEROUJON, MIQUEL DEWEVER PLANA
ET JOSE MANUEL NAVIA. TEXTES SANDRINE GAYET

chêne

Couleurs mexicaines

Dans la cuisine sombre et fraîche, elle occupe la meilleure place. Pour être regardée de tous. Adulée presque. Ornée d'une drôle de couronne métallique amovible, elle provoque les rires, fait verser des larmes, pousser des cris, écarquiller les yeux. Depuis qu'il l'a ramenée de la grande ville, dix-huit ans plus tôt, elle est devenue la reine incontestée du foyer de Juan.

La télévision.

Du lever au coucher, ses faisceaux cathodiques balaient les murs badigeonnés de chaux. À certaines heures, la cuisine de Juan prend d'ailleurs des allures de salle communale. Les amies de son épouse Ana s'y réunissent, scotchées devant une *telenovela*, feuilleton à l'eau de rose à fond social dont raffolent les Mexicains. Toutes les fins de semaine, c'est au tour de Juan de recevoir, matchs de foot obligent. Dans son village yucatèque, rares sont les maisons bâties en dur. La plupart ne sont encore que des huttes rudimentaires en torchis et toits de palmes. Alors, la télévision…

Avant son arrivée, la cuisine représentait déjà le cœur du foyer. Les parents de Juan et, avant eux, ses grands-parents y partageaient tous les grands moments de leur vie. Dans le four arrondi, les femmes faisaient cuire les *tortillas* et rôtir du gibier au piment rouge. À cette époque, la maison ne comptait d'ailleurs que deux pièces, cette *cocina* et celle, plus exiguë, où l'on suspendait les hamacs pour la nuit.

Aujourd'hui, la *casa* s'est agrandie. Juan exerce un *buen trabajo* (« bon travail ») dans une hacienda agricole versée dans la culture du sisal. Cette plante fibreuse, or vert du Yucatán, permet justement à Ana et à de nombreuses villageoises de pratiquer dans une coopérative un métier ancestral : tisseuse de hamacs. La région produit les meilleurs du pays ! clame-t-on par ici avec fierté. Superbes en effet. Solides, chatoyants et colorés, et d'une grande variété de tailles et de formes. Tissés, selon la tradition maya, sur de grands cadres en bois. Beaucoup de familles, à la campagne, disposent d'un tel métier, outil des plus précieux qui leur permet d'arrondir les fins de mois, voire de vivre complètement de cet artisanat si typique. De temps en temps, des *gringos* s'arrêtent dans le village pour admirer la dextérité des femmes et leur acheter en direct quelques pièces.

Celles qui « travaillent à leur compte », comme Rosita, la sœur d'Ana, se rendent le plus souvent possible dans les marchés hebdomadaires des bourgades alentour. Les *hamacas* écrus, rouges, verts, jaunes ou bleus déroulés sur leurs épaules,

> **Celui qui a respiré la poussière des routes du Mexique ne trouvera plus la paix dans aucun autre pays.**
>
> Malcolm Lowry

elles se positionnent dans le *cuadra* des artisans, la zone du *mercado* très courue des touristes. C'est là qu'elles écoulent très vite leur marchandise de belle facture.

La vie au hameau de Juan se déroule paisiblement mais sans monotonie. Grâce aux camionnettes des vendeurs ambulants. Tels des fils d'Ariane, ils colportent les nouvelles, bonnes ou mauvaises, entre les villages isolés de l'arrière-pays yucatèque jusqu'aux confins du Campeche et du Tabasco. Leur venue, claironnée dans des mégaphones nasillards, constitue un événement en soi. Le *señor* des routes leur apporte cette fois-ci une « merveille » : un ramasse-miettes à piles... Il a beau en démontrer les avantages avec force conviction, les femmes, hilares devant ce gadget inutile à la campagne, n'ont d'yeux que pour les robes importées des « States » et les tissus aériens qui feront de jolis rideaux.

Ce dimanche s'annonce festif. Aussi, toute la famille de Juan se prépare-t-elle avec plus d'effervescence qu'à l'accoutumée. Aujourd'hui, comme chaque dernier dimanche du mois, ils se rendent en ville pour écouter la messe à la basilique miroitante d'ors et de mosaïques. Ensuite, un grand pique-nique est prévu avec les amis pêcheurs installés sur le golfe du Mexique. La plage, un croissant de sable blanc comme du sucre glace, frangée de palmiers ébouriffés d'un vert ardent, se métamorphose en scène foraine. D'énormes sonos branchées à l'arrière des *camionetas* crachent des musiques *latinos*. Sur des barbecues, de grosses marmites de poissons, de viandes et de *frijoles*, les haricots rouges pimentés, fument. Sur les grilles cendrées, les femmes réchauffent les *tortillas* et cuisent les *elotes*, savoureux épis de maïs légèrement sucrés. Les enfants disputent une partie de foot, se prenant pour Rafael Marquez, leur héros des stades, ou barbotent dans la mer indigo tandis que, bières Tecate en main, les hommes bavardent, bien au frais, de l'eau jusqu'à la taille.

Le pique-nique les rassemble tous. La sieste aussi. Allongé dans un des hamacs accrochés entre deux palmiers, chacun se laisse bercer. On écluse encore des bières, on se désaltère de grosses tranches de pastèques achetées au vendeur sur la plage ou de noix de coco gaulées. Malgré les mélodies endiablées qui fusent des enceintes, la digestion fait paresser. Les femmes à leur tour se trempent dans la mer chaude, en robe pour les plus âgées, en maillot une pièce pour les autres.

La route du retour est longue. Il faut tout remballer et rappeler les enfants qui résistent. Juan, Ana et leurs amis s'étreignent pour se dire au revoir, sûrs de se retrouver dans un mois sur « leur » *playa* zébrée de vert, de bleu et de blanc.

12

Une ligne droite et une ellipse, un jeu d'ombres et de lumières entre l'hier préhispanique et l'aujourd'hui « mexicaniste ». Les couleurs ont coulé, fanées par le temps. Des flancs des pyramides ne reste que le blanc. Et le génie exubérant des anciens artisans. Inspirés de leurs contemporains, ils ont enrichi les décors urbains. Des Olmèques aux Aztèques, l'histoire se raconte comme un enchevêtrement de motifs, figuratifs et géométriques. Les couleurs se ravivent à présent, sous l'impulsion de maints courants néo-indigénistes, « toltécistes », post minimalistes… Architectes et urbanistes retracent les espaces, parfois austères mais éclairés par les couleurs et nimbés de lumière.

DOUBLE PAGE PRÉCÉDENTE
Heure sacrée de la sieste, État de Veracruz, golfe du Mexique.
À GAUCHE
Détail du style Puuc au quadrilatère des Nonnes, Uxmal, État du Yucatán.
À DROITE
Bigarrures en clair-obscur, parc Chapultepec, Mexico DF, État de Mexico.

En redingote vert et jaune, dans les denses forêts

de brume mouchetées de papillons, les perroquets totzli se fondent dans les acajous, les hautes fougères, les caoutchoucs et les kapokiers. Dans les biotopes mexicains tropicaux, de plaines, de déserts et de plateaux abonde une faune variée, à plume et à poil.

Des festons de cascades rouges, de grappes jaunes, d'épis roses, d'hélices lilas ou de boutons blancs, corolles éclatantes ou irisées qui colorent les paysages mexicains. Sous ses nombreux climats fleurissent à foison flamboyants, jacarandas, orchidées et multiples fleurs tropicales. Aux parfums doux ou entêtants.

À GAUCHE
Les flamboyants colorent les campagnes et villes mexicaines.

À DROITE
Perroquet apprivoisé par un Indien lacandon, État du Chiapas.

16

Des bâtiments coloniaux patinés de brique et d'ocre sommeillent à l'ombre de gratte-ciel brossés de verre ; des églises baroques s'élèvent sur les temples toltèques ; des Indiens marchent en Nike mais pratiquent des rites séculaires ; des voitures doublent des charrettes tirées par des ânes... Les villes mexicaines se dessinent comme un palimpseste de mémoires, qui se côtoient mais se croisent aussi. Un métissage très séduisant par ses cultures, ses fois, ses arts et ses arts de vivre. Un pays aux contrastes stridents mais qui s'écrit au singulier.

À GAUCHE
Façade coloniale colorée, quartier de la Condesa, Mexico DF, État de Mexico.
Délicates faïences et céramiques, typiques de l' art poblano, Puebla, État de Puebla.
À DROITE
Verticalité et couleurs, nouveau quartier de Santa Fe, Mexico DF, État de Mexico.

« Dans cette multitude,
il y aura toujours l'image de mon visage,
celle des Mexicains,
de peau sombre et de traits harmonieux,
et leur élégance sans faille. »

Carlos Monsivóis, *Frida Kahlo, Una vida, una obra*

À DROITE
Indiens nahuas un jour de marché,
Sierra Norte de Puebla.

Elle est arrivée dans le Nouveau Monde

en même temps que les galions espagnols, au XVIe siècle. Introduite à Puebla par les artisans qui accompagnaient les conquérants, la faïence puise ses racines dans la culture andalouse. Mais elle s'est métissée. Les artisans des nouvelles colonies l'ont en effet enrichie d'influences orientales et indiennes, dans les teintes et certains motifs notamment, donnant naissance à un nouveau style, la « *talavera* mexicaine ». De superbes pièces peuvent s'acheter dans les magasins d'antiquités. Les dessous-de-plat, assiettes, saladiers et autres vaisselles qui abondent sur les marchés ne sont que de pâles copies, très jolies néanmoins.

À GAUCHE
« Bazar del Sábado », le Montmartre de Mexico, quartier San Angel.
À DROITE
Céramiques espagnoles sur le mur d'un café, Coyoacán, Mexico DF, État de Mexico.
Balcon de restaurant dominant la Plaza Borda, le *zócalo* de Taxco, État de Guerrero.

L'agave bleu a un gros cœur d'ananas. En fait, c'est une pigne. Au destin tout tracé. Il est si précieux pour la fabrication de l'orgueuil national – la tequila – que, du champ à la bouteille, il va subir maints supplices infligés par d'habiles *jimadores*, récolteurs recherchés. Net et lisse après son effeuillage, il passera deux jours dans un four en adobe avant d'entrer dans une émietteuse pour y être défibré, et le jus d'agave sera extrait. Fermenté, distillé, il sera enfin prêt à être servi dans des petits verres *caballitos* et dégusté ; pur, en margarita ou sangrita, fougueux mélange de tequila, de tomate et de piment…

À GAUCHE
Javier, coupeur d'agaves près du village de Tequila, État de Jalisco.
Alambics en cuivre dans une distillerie de tequila.
Vieille meule qui pressait les agaves pour fabriquer la tequila.
Fresque de coupeurs d'agaves au musée Sauza de Tequila, État de Jalisco.
À DROITE
Réserve de tequila vieillie en fûts.
Sur les marchés, boissons pimentées, très rafraîchissantes.
Stands de tequila dans les rues du village de Tequila, État de Jalisco.

Le « bleu maya » intrigue. Tiré de l'indigo, flirtant avec le turquoise, ce pigment des fresques anciennes n'a pas encore divulgué tous ses secrets. Pourtant, on le devine un peu partout au Mexique. Sur les mosaïques et les croix de vie qui ornent parvis et petites églises mayas, également dans les motifs symboliques élaborés dans les tissus des femmes mayas des Hautes-Terres du Chiapas. On voit bien aussi que, tout le long de ses rivages océaniques, la nature mexicaine s'en rapproche mais jamais vraiment ne le rejoint. La mer de Cortés et des Caraïbes, le golfe du Mexique et le Pacifique scintillent comme des saphirs et des émeraudes, déroulent leurs vagues tièdes en éblouissants camaïeux de bleus et de verts… mais point de « bleu maya ».

À GAUCHE
Mer turquoise des Caraïbes, État du Quintana Roo.
À DROITE
Église du village maya San Juan Chamula, au cœur du Chiapas.

TEQUILA
HOUSE
¡DUTY FREE!
LIQUORS
Cold beer
KAHLÚA
WATER
TEQUILA
Softdrinks
SODA

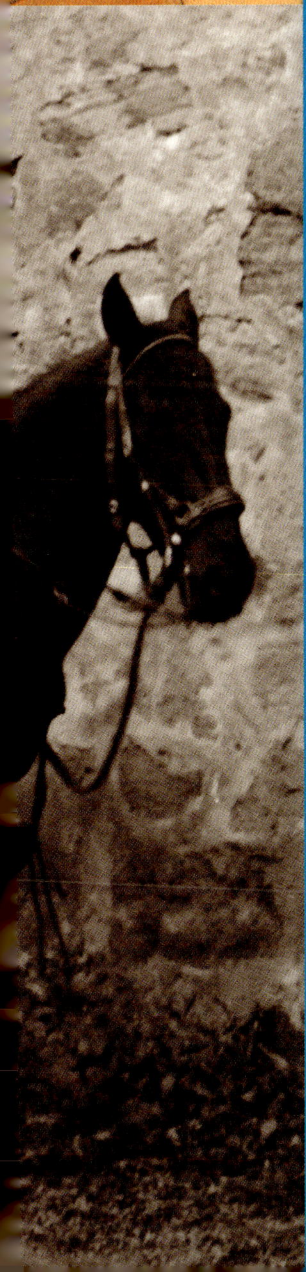

Nachos couleur maïs trempés dans le guacamole à l'apéro, cocktails de margarita, bouteilles de Corona et de tequila ambrées alignées sur un comptoir, couvertures à rayures étendues sur un sofa, cactus décoratifs en pots sur le balcon, porte-savons en céramique, posters évocateurs de la mythique Riviera Maya dans les agences de voyages… Les couleurs du Mexique se glissent dans nos vies, déjà bercées par les images des vieux westerns en noir et blanc où, « *aïe caramba !* », des *bandidos* à sombrero et grosse moustache – visions hollywoodiennes de Pancho Villa – répandaient la terreur dans les *pueblos*…

À GAUCHE
Maison à Isla Mujeres au large de Cancún, État de Quintona Roo.
Éventail espagnol.
Céramiques mexicaines.
Loisirs nautiques et farniente sur la Riviera Maya, État du Yucatán.
Mexicain sur son cheval, début du XXe siècle.
À DROITE
Poster publicitaire pour un voyage au Mexique.
PHOTOGRAPHIES ANCIENNES
À GAUCHE Gare d'Irapuato, début du XXe siècle. À DROITE Maison d'indigènes à Nexaca.

Les sourcils froncés, le visage rouge

à l'expression menaçante : les masques traditionnels sont taillés dans des bois légers vivement barriolés et représentent des créatures mythiques, surtout des animaux. Leur fabrication remonte à l'ère préhispanique. Ils sont encore portés lors des cérémonies de sorcellerie et de rites chamaniques. Les plus courants cependant sont destinés aux danses du carnaval. Ils figurent alors des diables, des vieillards ou des sorcières, incarnations sciemment outrancières des Espagnols de la conquête.

À GAUCHE
Détail de décorations pour la fête des Morts.
À DROITE
État d'objets artisanaux, toujours très colorés, à Oaxaca, État d'Oaxaca.

Mystérieuses pyramides

Au staccato grave des tambours répondent les arpèges aigus des flûtes. Ceint d'une peau de jaguar, le torse masqué par un massif collier de pierres turquoise, rouges, oranges et vertes, les bras et les chevilles ornés d'épais bracelets d'or et d'argent, l'homme au visage couleur de cuivre demeure figé. Ses longs cheveux noirs disparaissent sous une haute couronne tressée de plumes multicolores et de perles en jade et obsidienne.

Au vent des conques, le roi Pakal, le « bouclier-soleil », ouvre le cortège, suivi de ses fils Chan-Balum et Kan-Xul et d'une armada de prêtres, de guerriers et de notables, tous harnachés de plumes, de peaux et de bijoux. Lentement, ils marchent vers la haute pyramide à plateformes aux pierres couleur de sang, ornée de frises bleu maya.

Tout le long de la voie pavée, jonchée de pétales blancs et de nacres concassées, illuminée de torches et de flambeaux grésillants, une foule d'artisans, de paysans, d'esclaves et de courtisans se presse pour acclamer leur chef.

Au sommet de la pyramide, dans un silence minéral, le roi prend place sur un trône, auprès du grand prêtre des cérémonies et du capitaine de son armée. À leurs côtés, des hommes en pagne, enchaînés, apeurés. Guerriers défaits, ils vont être sacrifiés sur l'autel des dieux.

De nouveau, les tambours résonnent. Pulsions graves et lentes. Les perdants sont couchés, leur cœur « arraché », les corps jetés au bas de la pyramide…

Les oracles le prédisent : les pluies fertiles reviendront. Promesse de richesses pour les habitants de cette cité bénie de tous les dieux, du Soleil, des Moissons, du Vent, de la Lune, et de bien d'autres idoles de la cosmogonie…

De nouveau, un profond silence, puis une salve d'applaudissements. Une voix s'élève dans la nuit.

Elle jaillit des haut-parleurs.

Une lumière aveugle les gradins de l'amphithéâtre.

Hommes, femmes et enfants se lèvent, encore plongés dans le spectacle de sons et lumières auquel ils viennent d'assister.

Un voyage dans le passé un peu rocambolesque mais d'un enthousiasme contagieux. Qui parachève la visite de ce site archéologique.

Un show nocturne qui ressuscite un pan de l'histoire des anciens Mayas dans leur écrin

« J'ai attrapé froid, du soleil,
quand ils ont arraché mon cœur
au sommet de la pyramide. »

Jack Kerouac

de pyramides et de temples. Sans en révéler tous les mystères. Les beautés. Les énigmes qui, sans cesse, captivent historiens et archéologues.

Une autre belle journée commence.

Malgré la chaleur et l'humidité tropicales qui plombent et oppressent au moindre mouvement, faisant fi des nuées de moustiques kamikazes, José Luis s'active, recroquevillé, concentré. Le front perlé de sueur mais le visage barré d'un sourire radieux, il joue du pinceau. Sur un bas-relief à peine excavé. Cet étudiant de Mexico participe aux fouilles qui se poursuivent sur le site de Palenque.

Il émane de cette fabuleuse cité maya une aura de magie, de mystère. Une atmosphère de sombres secrets qu'exalte la forêt qui l'enserre dans ses griffes émeraude. Un linceul végétal pour une centaine d'édifices encore engloutis dans cette jungle profonde où s'ébattent des singes hurleurs, des singes-araignées, des papillons morphos d'un bleu métallique, des toucans colorés du bec, des perroquets aux plumes moirées et des bestioles rampantes bien moins sympathiques…

José Luis nourrit un rêve depuis que, enfant, il escalada sa première pyramide, celle du Soleil, dans la cité aztèque de Teotihuacán : découvrir un temple qui serait aussi unique et fascinant que le Templo de las Inscripciones de Palenque. Une tombe exceptionnelle, la seule de Méso-Amérique jamais mise au jour qui prouve que les temples servaient aussi de sépulture aux Mayas, comme en Égypte.

Il aime aussi décrire et expliquer, pour les visiteurs néophytes, les ornementations ciselées sur les façades et les linteaux des temples clairs. Mieux qu'un vieux grimoire, elles racontent toute la mythologie de ses ancêtres bâtisseurs dont il est si fier.

José Luis profite de ses congés d'été pour gravir les collines et crapahuter dans la forêt humide du Chiapas. Quand la brume chapeaute le faîte des arbres chargés d'épiphytes et de manchons de mousse et s'effiloche en lambeaux sur les hautes fougères arborescentes, aux heures enchanteresses de l'aube. Avec toujours au cœur l'espoir de tomber sur un trésor de vieilles pierres… comme les explorateurs John L. Stephens et Frederick Catherwood qui au XVIIIe siècle sortirent Palenque de son sommeil sépulcral.

Un site magnifique. Un des plus poignants du patrimoine mexicain, qui en totalise plus de onze mille.

36

Une perle blonde, minérale, millénaire : Uxmal, la reine du style Puuc, vibre de perfection. « Celle qui fut construite trois fois », en langue maya, désoriente par ses fausses voûtes, la taille de ses édifices et la profusion de détails qui la parent. Serpents, fleurs, tortues, quetzal et masques de Chac s'enlacent dans une étreinte de pierre. Sa pyramide du Devin défie toutes les lois architecturales du Mexique par son étrange forme ovale. La légende veut qu'elle ait été érigée en une nuit par un nain et sa sorcière de mère. Les archéologues affirment qu'il a fallu trois siècles… Qui croire quand la magie s'empare du promeneur ?

DOUBLE PAGE PRÉCÉDENTE
Gran Plaza, site précolombien de Monte Albán, État d'Oaxaca.
À GAUCHE
Détail du Palacio del Governador, site maya d'Uxmal, État du Yucatán.
Détail de style Puuc, site maya d'Uxmal, État du Yucatán.
À DROITE
Superbe quadrilatère des Nonnes, site maya d'Uxmal, État du Yucatán.

Aux portes de la « cité des Dieux » cesse le vacarme des faubourgs de Mexico. Pénétrer dans l'enceinte de Teotihuacán, c'est s'envoler dans une autre dimension où gigantisme et harmonie riment avec symétrie et perspectives. À la mesure des divinités qu'elle honore : le Soleil et la Lune. Au bout de la chaussée des Morts trône la pyramide du Soleil dont la couleur muraille ne doit pas faire oublier que, en son temps, elle était habillée de rouge. Son orientation est telle qu'au coucher du soleil les rayons balaient exactement sa façade principale. Une cité prestigieuse, mais qui s'éteignit d'un coup. Incendies, invasions, épidémies, séismes… Un mystère qui mobilise toujours les archéologues et exacerbe encore un peu plus la beauté de ces pierres réticentes à révéler toute leur vérité.

À GAUCHE
Détail d'une stèle, site de Monte Albán, État d'Oaxaca.
À DROITE
Plaza de la Luna et Pirámida del Sol, site aztèque de Teotihuacán, État de Mexico.

Captivante
et bouleversante
se déchiffre l'histoire
du Mexique. Ou comment des civilisations brillantes ayant maîtrisé les arts, le calcul, l'écriture ont brutalement été interrompues dans leur marche par un événement majeur : la conquête espagnole, entraînant d'irréversibles changements humains, religieux, artistiques et sociétaux. Le Mexique préhispanique a vu s'épanouir des civilisations dont le monde n'a pas fini de sonder toutes les richesses. En 1519, tout bascule. En quête d'or, d'argent et de nouveaux territoires, le conquistador Hernán Cortés foule le sol de ce qui sera la Nouvelle Espagne. Massacres, guerres, épidémies mortelles... Une civilisation vieille de trois millénaires est anéantie en deux ans, ses fiers citoyens-bâtisseurs relégués au rang d'esclaves et leurs dieux piétinés. C'est de cette rencontre choc qu'est né le peuple mexicain, métissage d'Indiens et d'Espagnols.

À GAUCHE
Portrait d'Indiens lacandons, dans l'est du Chiapas.
À DROITE
Autel du Jaguar, peut-être un trône, site maya d'Uxmal, État du Yucatán.

« Les six clans de patriarches vivaient
dans des barrios autour de leur temple sur l'île d'Aacatl,
l'île de l'Eau et des Roseaux plus tard appelée Aztlan.
Ils étaient dirigés par un prêtre qui tenait son nom
du lieu lui-même et une prêtresse appelée
Chimalma la Dame de la Gauche. En l'année 1-Silex [648 a.d. ?],
ils partirent à la recherche du sanctuaire
de leur principal dieu Huitzilopochtli, L'Oiseau-Mouche Bleu
de la Gauche. Ils le trouvèrent
à Colhuacan Montagne Inclinée : le visage du dieu sortit du bec
d'un oiseau-mouche dans son temple d'herbe. Les mots
jaillissaient de la bouche du dieu : il leur dit
qu'ils allaient devoir se mettre à errer. »

Codex Boturini : L'Origine des Aztèques Mexica

À DROITE
Détail du temple aux Mille Colonnes,
site de Chichén Itzá, État du Yucatán.

L'ombre violette et la lumière frémissante se télescopent sur les dentelles de pierre ciselées. Se révèlent alors sur les temples et les pyramides tout le génie artistique des anciens bâtisseurs. Arabesques, mosaïques, bas-reliefs richement sculptés, stèles ouvragées, frises à motifs géométriques parlent de cosmogonie, de dynasties, de batailles et de rituels. Ces ornementations étaient alors modelées en stuc coloré de rouge, de bleu, de jaune et de vert. Scènes de sacrifices, couronnements, jeux de pelote, oracles… les murs des édifices se lisent comme les pages du livre d'or de la cité.

À GAUCHE
Frise du patio des Mosaïques, site de Mitla, État d'Oaxaca.
Détail de la cour du quadrilatère des Nonnes, site d'Uxmal, État du Yucatán.
Mosaïques et salle des Colonnes, site de Mitla, État d'axaca.
Pièce du musée national d'Anthropologie à Mexico, un des plus beaux dans le monde.
À DROITE
Détail d'une colonne du temple aux Mille Colonnes, Chichén Itzá, État du Yucatán.
Quatre points cardinaux aztèques : soleil du Jaguar, eau, pluie et vent.
Détail du temple de Quetzalcóatl, site de Teotihuacán, État de Mexico.
Détail de style Puuc, site d'Uxmal, État du Yucatán.

Dès l'entrée s'imprime l'image de sa silhouette dénudée… La pyramide du Serpent à plumes de Chichén Itzá témoigne des connaissances cosmologiques de ses créateurs : quatre faces pour les points cardinaux, trois cent soixante-cinq marches pour les jours de l'année solaire, cinquante-deux panneaux pour les années du siècle maya et dix-huit terrasses surmontées d'un temple pour le calendrier religieux. À chaque équinoxe, les faisceaux du soleil couchant dessinent l'ombre d'un serpent géant sur les flancs de son escalier central. Une des magies de sa construction, sur laquelle veillent les jaguars rouges aux yeux de jade tapis au fond de la crypte.

À GAUCHE
Portrait d'un Mexicain au début du XXe siècle.
À DROITE
El Castillo, pyramide de Chichén Itzá, État du Yucatán.

50

Immobile, le visage, le cou et les doigts recouverts par un masque de jade, le squelette repose dans son sarcophage, une pierre précieuse dans la bouche et une autre dans la main. C'est ainsi qu'Alberto Ruiz Lhuillier trouva les restes du roi Pakal à Palenque. Une découverte majeure pour la compréhension du monde maya. Et surtout, la preuve que les temples servaient aussi de sépulture. L'extraordinaire musée d'Anthropologie de Mexico regorge de bijoux, masques, stèles et autres objets précolombiens provenant de tels sites archéologiques.

DOUBLE PAGE PRÉCÉDENTE
Temple aux Mille Colonnes ou temple des Guerriers, Chichén Itzá, État du Yucatán.

À GAUCHE
Au cœur de la jungle émergent les temples et les pyramides du site de Palenque, État du Chiapas.

À DROITE
Masque funéraire de Teotihuacán fait de mosaïques et de coquillages.

Alangui, il vous observe fixement.

Depuis le magnifique temple des Guerriers hérissé de mille colonnes claires, mais également depuis les stands, les vitrines, les cartes postales, les porte-clefs… Le « Chac Mool couché », une des plus célèbres sculptures du Mexique avec celle de la colossale tête olmèque. Le Chac Mool de Chichén Itzá représente un homme à demi allongé, tenant un plateau à offrandes sur lequel les prêtres déposaient le cœur des sacrifiés… Tout aussi diffusés sur les cartes postales, la Piedra del Sol ou calendrier aztèque et l'anneau en pierre provenant du plus vaste terrain de jeu de pelote de Méso-Amérique, que l'on découvre à Chichén Itzá.

À GAUCHE
Mictecacihuatl, déesse de la Mort dans les croyances aztèques.
À DROITE
Pyramide du Devin et quadrilatère des Nonnes, Uxmal, État du Yucatán.
Représentation d'un joueur de *pelota*, site maya de Chinkultic, État du Chiapas.
Collier de turquoises, de coraux et de perles trouvé dans la tombe 7 de Monte Albán, État d'Oaxaca.
Sculpture contemporaine sur le Paséo de la Reforma à Mexico DF, État de Mexico.
Esplanade et plateforme sud du site de Monte Albán, État d'Oaxaca.
Chac Mool, représentation humaine tenant un récipient certainement destiné à recevoir les cœurs des sacrifiés.
PHOTOGRAPHIES ANCIENNES
EN HAUT Anneau du jeu de *pelota*.
EN BAS Calendrier aztèque.

PREHISPÁNICOS
Calendario Azteca
Cabeza de Pakal
Jugador de Pelota
Cabeza Olmeca
Chac-Mol
CACEP
CHOCOLATES

54

« À Teotihuacan, au commencement
des siècles de ce monde,
les dieux se sont assemblés. Le Miroir Fumant était
de leur nombre, ainsi que le Serpent à Plumes.
Le dieu Vent les accompagnait avec le Serpent de Nuages
et un grand concours de dieux et de déesses.
Tlaloc, Seigneur de l'abondance des champs, était parmi eux ;
le dieu des roseaux l'avait suivi. »

Alain Gerber, *Le Jade et l'Obsidienne*

À GAUCHE
Détail du calendrier aztèque.
Représentation du cinquième soleil.

Des centaines de milliers de personnes convergent vers la pyramide du Soleil de Teotihuacán. Au même moment, d'autres temples du Mexique sont pris d'assaut par des hommes couronnés de plumes, le corps ceint d'un pagne. C'est l'équinoxe de printemps, l'heure pour les « Néo-Indiens », comme ils se définissent, de communier avec le cosmos, de renouer avec le panthéon de leurs ancêtres préhispaniques. Une sorte de reculturation très en vogue actuellement, qui rejette toute influence espagnole et méprise les Amérindiens adeptes de synchrétisme religieux.

À GAUCHE
Quetzalcóatl, temple aux Mille Colonnes, Chichén Itzá, État du Yucatán.
À DROITE
Festivités indiennes devant la basilique de la Vierge de Guadalupe à Mexico DF, État de Mexico.

Au gré des marchés

Dans un nuage de poussière, le gros pick-up fatigué pile. Antonio saute à terre, récupère ses ballots de marchandises qu'il a peine à soulever et prend la direction de la *plaza central*. S'y tient un des marchés les plus réputés de la région d'Oaxaca. Tous les dimanches, il agit comme un aimant sur la population qui y converge. Plus qu'un lieu de négoce, il constitue un centre de vie et de retrouvailles, le cœur et le pouls des campagnes. Des paysans marchent plus de trois heures pour y venir acheter, vendre ou troquer un cochon, une chèvre, deux poules ou un panier de figues de Barbarie. Si possible aux premières heures, celles d'avant la messe. Ce sont les moins caniculaires certes, mais aussi celles qui permettent de prendre le temps, affaires conclues, de retrouver les *amigos* autour de quelques *cervezas* fraîches.

À l'ombre d'une bâche grossièrement suspendue, Antonio déballe un attirail d'articles éclectique : couvertures et textiles en laine, figurines de Frida Kahlo en terre noire, calebasses laquées, petites sculptures en terre cuite « de style amérindien » et quelques ceintures en cuir. Depuis que les *gringos* fréquentent par bus entiers les marchés mexicains, il s'est adapté. Finis les ustensiles de cuisine, les bassines en plastique rouge et les balais magiques *made in America*. D'autres y pourvoient de toute façon trois stands plus loin. Lui préfère « honorer le magique savoir-faire mexicain », dit-il d'un air mi-sérieux mi-goguenard avant de glisser, à mi-voix, qu'il aime bien aussi la couleur verte des billets qu'il empoche…

À l'approche de midi, la rumeur enfle dans le marché. Une foule sympathique arpente ses travées étouffées de chaleur. Les couleurs bouillonnent, les produits foisonnent, une joyeuse cacophonie règne. L'office dominical est fini et les autocars climatisés ont débarqué leurs charges d'âmes touristiques. Les choses sérieuses peuvent commencer.

Du côté des bestiaux, les négociations continuent d'aller bon train, même si parfois le ton monte. Il faut parler fort pour s'entendre au milieu des meuglements, bêlements, caquettements et autres protestations animales.

C'est un peu plus calme dans le carré des poissonniers… Quoique ! La harangue est fleurie

> **Tous nous sommes faits d'une même argile, mais ce n'est pas le même moule.**
>
> Proverbe mexicain

autour des étals alourdis des prises de lacs et de mer coincées dans leur linceul de glace pilée.

Rien de tel qu'une déambulation dans un marché mexicain pour apprendre une région, ses gens, leurs habitudes.

Rien de mieux pour découvrir la géométrie de la nature, ses trésors de légumes exotiques, de fruits tropicaux, de graines multiples, d'épices et d'herbes… « magiques », elles aussi !

Tubercules blanchâtres, sphériques ou chevelus, ovales ou coniques, des dizaines d'espèces de racines de yucca, de patates douces et d'ignames s'empilent à côté des épis de maïs, des avocats, des feuilles de nopal, des bananes jaunes ou roses, des mangues orangées, des citrons verts, des papayes rouges, des ananas et des melons… Poivre, cacao, café, muscade, cannelle, vanille – en poudre ou en bâtonnets – s'amoncellent en vrac et emplissent l'air de leurs parfums qui se mêlent aux arômes des fleurs, abondantes sur les marchés d'ici.

Un tableau aux couleurs vibrantes digne des peintures de Rufino Tamayo, natif de la région.

Mais c'est sur les stands de *chiles* que les ménagères se pressent. Pas de cuisine mexicaine sans les fameux piments, frais ou secs, que les Aztèques consommaient déjà pour leurs vertus nutritives et médicinales. *Jalapeño* vert pour le guacamole et les sauces, *poblano* vert ou rouge pour les farcis, *guero* jaune, savoureux en confit, et, bien sûr, le plus ardent de tous, celui dont les étrangers doivent se méfier, le *chile habanero*, orangé… Celui qui transforme les palais en forges de Vulcain !

Antonio est satisfait, la journée s'annonce fructueuse, il a écoulé presque tout son stock de ponchos et de poupées Frida. Il profite d'un passage en creux du « *bizéness* » pour confier la garde de sa marchandise à un adolescent du même village que lui, moyennant quelques *pesos*, et aller se restaurer de *tamales* sucrés aux amandes en buvant une *agua fresca* au tamarin et à la goyave. Il salue un de ses clients, qu'il croise sur un stand très prisé des touristes, celui du *mezcal*, alcool fort d'agave produit dans l'Oaxaca. Quelques verres de dégustation pris de concert – une prouesse par cette chaleur –, et Antonio suggère à son client-*amigo* de goûter une spécialité « *muy buena* », celle des *chapulines*… Il adore faire cette blague aux nouveaux venus. Leur faire manger des sauterelles grillées. « Bah, allez-y, c'est comme des crevettes à longues pattes »… il sait se montrer convaincant le Tonio. En plus, il immortalise leurs grimaces ou sourires prudents avec son nouvel appareil numérique. Il assure qu'il garde « seulement les plus cocasses ».

JARCIERI

LA FAMA
541

64

Leur nom viendrait du dieu Taras, mais nul ne le sait vraiment.

Et puis, quelle importance ? La certitude des Tarasques c'est leur savoir-faire, recherché au-delà des frontières de leur Michoacán et même du Mexique. Si quelques-uns dans les montagnes portent encore le costume indigène – culotte mi-longue, chemise de cotonnade retenue par une large ceinture tissée, un poncho roulé sur l'épaule –, plus nombreux sont les Tarasques porteurs de la tradition artisanale. Celle des céramiques mais surtout du bois. Vases, poudriers, cuillères, jouets sont façonnés et laqués comme avant : avec une décoction d'insectes broyés, d'huiles de grains de sauge et de lin.

DOUBLE PAGE PRÉCÉDENTE
Échoppes de bric et de broc, à l'ombre des arcades, autour du *zócalo*.
À GAUCHE
Artisanat du bois dans le village de Tzintzuntzan, État du Michoacán.
À DROITE
Portait d'un jeune Mexicain, au début du XXe siècle.

Deux bras, deux jambes, deux épaules ne suffisent pas.

Les vendeurs ambulants qui hantent tous les marchés du Mexique arrivent systématiquement les premiers sur les places, toujours chargés comme des bêtes de somme. Les plus vernis disposent de carrioles bondées qu'ils tirent le matin, courbés sous le poids, et poussent le soir si la journée a été florissante. Les plus casse-cou zigzaguent sur des triporteurs, trop alourdis de marchandises mal réparties pour garantir leur bon équilibre. De toute façon, c'est encore l'oiseleur qui attirera l'attention avec son empilement de cages sifflotantes. Un petit métier qui est aux marchés d'ici ce que le basilic est à la Provence. Indissociable.

À GAUCHE
Vendeur ambulant de paniers en osier et de masques en bois.
À DROITE
La marchande de bonbons, paisible, attend les enfants.
Le triporteur du marchand de jus de fruits frais, icône des villes mexicaines.
Vendeur de paniers dans les rues de San Angel, Mexico DF, État de Mexico.
Avec ses cages chantantes, l'oiseleur attise la curiosité des enfants.

MEXICO
PADI
LOOK AT DIVING
THROUGH THE EYES
OF THE PROFESSIONAL
PADI

Santa Clara del Cobre n'est plus. Elle s'est rebaptisée Villa Escalante. Sa spécialité persiste bien, bruyante mais inventive : le cuivre, ou plutôt le travail de ce métal à des fins utiles ou artistiques. Les Amérindiens connaissaient le cuivre, mais les Espagnols leur enseignèrent d'autres techniques comme le filigrane, la gravure et le repoussage. À Santa Clara, les artisans sont passés maîtres dans le martelage et le ciselage du cuivre. Sous leurs vieux outils pointus ou arrondis naissent des plats, des vasques, des articles du quotidien, des objets décoratifs ou de la quincaillerie ordinaire.

À GAUCHE
Artisanat du cuivre dans l'État du Michoacán.

À DROITE
Marchand d'ustensiles de cuisine, dans le marché de la Merced à Mexico DF, État de Mexico.

Saisis par leurs palettes pétantes, leurs dessins naïfs, on s'approche, on touche, on palpe. Est-ce de la peau peinte ? Non, ce sont des *amates*. Des peintures sur papier vieilli comme du parchemin. Avec les foultitudes de paniers en osier emboîtés les uns dans les autres en colonnes instables, les *amates* représentent un grand classique de l'artisanat mexicain… mécanisé. Jouets, créatures fantastiques et fruits en papier mâché badigeonnés de peintures criardes se reproduisent à l'infini sur les étals, se troquent contre quelques dollars. Un rapide coup d'œil suffit pour voir qu'il ne s'agit pas toujours des plus beaux spécimens d'artisanat…

À GAUCHE
Figurines et rideaux en paille tressée et colorée, artisanat du Michoacán.
À DROITE
État de vannerie traditionnelle, État du Michoacán.
Amates, peintures narratives sur papier, État de Puebla.

« Patrie, le maïs est ta superficie, les trésors
de tes mines, le palais des Rois des Ors. [...]
Ta glaise sonne d'argent et dans ta main
sa misère sonore en tire-lire s'efface. [...]
Dans les rues comme des miroirs,
s'écoule le saint arôme du pain fait-main. »

Ramon Lopez Velarde, *Douce Patrie*

À GAUCHE
Indienne maya derrière son étal,
État du Chiapas.

Un brouhaha démentiel, joyeux, cacophonique,

enfle du côté des stands de restauration, pris d'assaut à toute heure. Dans les minuscules *cocinas*, plusieurs générations de femmes s'agitent sur les marmites, poêles et plaques chauffantes où mijotent et cuisent viandes en sauce, poissons pimentés, panés ou citronnés, fritures et autres *comidas*. Un des plus festifs est le *mercado* San Juan de Dios à Guadalajara où les *abuelas*, les grands-mères, harponnent les clients à la criée. Quiconque possède un estomac solide, une curiosité gustative et l'envie de vivre comme un vrai Tapatío se doit de déjeuner dans ce marché couvert, hautement pittoresque.

À GAUCHE
Céramiques de Puebla.
Stand d'artisanat : fruits et légumes en papier maché.
Céramique bleue, typique de Puebla.
À DROITE
Vendeurs d'épices sur le marché de San Juan de Dios à Guadalajara, État de Jalisco.
Jour de marché, fruits et légumes s'étalent dans les villages.
Charales, stand de fritures pimentées, lac de Patzcuaro, État du Michoacán.
Plats mexicains : *tacos*, haricots et *tortillas*.
Graines et piments débordent des sacs devant les échoppes.
PHOTOGRAPHIES ANCIENNES
À GAUCHE Négociant et ses porteurs sur le quai à Mazatlán. À DROITE Mexicain, début du XXe siècle.

7.00

Verts : les avocats, les raquettes de cactus, les salades, les papayes, les choux, les citrons… Rouges : les tomates, les piments, les grenades, les pastèques, les figues de Barbarie, les poivrons, les haricots… Blancs : les oignons, les aulx, les vers du maguey, les melons, les cocos… Jaunes et orange : les maïs, les kakis, les goyaves, les pamplemousses, les mangues, les mandarines, les bananes, les patates douces, les ananas… Multicolores : les épices, les fleurs et les graines… Les marchés sont une ode à la nature, à ses pulsions, à ses émotions colorées. De la bâche en plastique déployée sur le sol aux grandes halles couvertes, les produits s'exposent, en vrac ou en rangs serrés, en pyramides instables ou serrés dans des cagettes, éparpillés ou entassés dans des toiles de jute.

À GAUCHE
Immense marché couvert de San Juan de Dios à Guadalajara, État de Jalisco.
À DROITE
Indiennes nahuas vendant leurs fleurs sur le marché de Cuetzalan, État de Tlaxcala.

« Marché plein d'Indiens aux visages sombres,
aux pieds silencieux, aux voix chuchotantes,
empilés là en quantités innombrables.
L'étrange murmure sifflant de l'idiome zapotec
se mélange aux sonorités espagnoles et aux voix tranquilles
des mixtecas. [...] Au centre du marché couvert,
dans un bassin, se trouvent les fleurs :
un amoncellement de roses rouges, blanches, roses.
Des œillets de mille couleurs, des coquelicots, des pieds d'alouette,
des soucis jaunes et orangés, des lis en boutons
et les orchis pourpres. »

D. H. Lawrence, *Matinées mexicaines*

À DROITE
Pour garnir les tombes
le jour de la fête des Morts,
cette Indienne purepecha
se charge de bouquets de fleurs.

Il y a ceux qui ont une place, payante. Commerçants ou *campesinos* qui vendent en toute légalité les produits de leurs champs. Et ceux qui restent en bordure. Aux seuils des halles, sous un porche ou dans le recoin d'un hangar ou d'un garage. Clandestins des marchés. Pas assez riches pour payer la patente. Trop démunis pour se constituer un stock suffisant de denrées commerciables. Hommes ou femmes, parfois des adolescents, ils mendient auprès des maraîchers les invendus de la veille ou du jour, espérant avoir plus de chance et gagner quelques *pesos*. Parfois, souvent, ils collectent des marchandises hétéroclites, ramassis de fruits talés, de ferrailles tordues, de pneus essoufflés et de jantes rouillées.

À GAUCHE
Marché indien nahuas à Cuetzalan, État de Tlaxcala.
À DROITE
Sur les petits étals et source de richesse à l'exportation… la banane.

82

Dès l'aurore, elles prennent la route, des ballots gonflés

sur la tête, des paniers dans chaque main, un enfant sur le dos, endormi dans leur châle. Plusieurs fois par semaine, elles quittent leurs villages enfouis dans les forêts du Chiapas pour rallier le marché de plein air de San Juan Chamula. Des hommes les accompagnent, maris ou escorte, parfois tirant une chèvre rétive ou une poule apeurée coincée sous le bras. Au marché, elles déposent fleurs, herbes médicinales et racines comestibles à même le parvis poussiéreux ou sur des cageots en bois. Les trocs se déroulent en langue maya, la seule qu'elles connaissent. Au milieu des couleurs et des arômes, rien ne semble avoir changé depuis les temps préhispaniques.

À GAUCHE
Marché indien totzli, sur la place de San Juan Chamula, État du Chiapas.
À DROITE
Indienne nahuas faisant son marché à Cuetzalan, État de Tlaxcala.

Omniprésents, attractifs, indispensables,

les stands de piments se retrouvent toujours sous la pointe du compas des marchés mexicains. Les *chiles*… Des cédilles rouge sang débordent des grands sacs en toile épaisse. Desséchés par le soleil ou encore luisants de fraîcheur. En crochet, incurvés, oblongs, ronds ou plats : leurs formes se déclinent. Verts, rouges, orangés, jaunes ou marron, ils sont identifiables par leur couleur. Piquants, doux, brillants ou mats, ils se faufilent dans tous les plats et les *salsas* de la gastronomie nationale. Parfois très perfidement, au grand dam des palais peu habitués à accueillir de tels feux.

À GAUCHE
Le piment, *chile*, se trouve partout, sous toutes ses formes et couleurs… *salsa verde*, *rojo*.
À DROITE
D'énormes sacs remplis de *chiles*.

CHILE
CASCABELITO

Mexico l'indomptable

Les Aztèques l'appelaient Tenochtitlán. C'était au XIVe siècle. Perchée à plus de 2 200 mètres d'altitude sur les berges herbeuses d'un lac couleur de ciel, le « Nombril de la Lune », émaillée de jardins flottants, striée de canaux navigables, hérissée de pyramides. Dont le Templo Mayor, le phare de cette capitale tentaculaire. Déjà.

Pour Carlito, treize ans, les journées démarrent près du Templo Mayor, un des rares vestiges de la cité antique. Dans le brouhaha du centre historique de Mexico, dans le tourbillon vert et blanc des Coccinelles essoufflées… les célèbres « *bolchos* », taxis de la capitale mexicaine, menacés de disparition. Pour cause de pollution.

Accroupi, Carlito papote avec un vieil homme ceintré dans un costume beige, le pied droit posé sur une boîte carrée en bois blond pleine de cirage. Son premier client du jour. Carlito est un *bolero*, cireur de chaussures donc, quand il ne va pas en classe… Il aimerait bien approcher plus de touristes, pour parler de leurs pays et gagner quelques *dollares*. Hélas, la plupart des *gringos* marchent en baskets légères, qui plus est en toile, alors ce n'est pas terrible pour les affaires…

Avec un ami oiseleur, il parcourt tant la mégalopole qu'il en connaît presque chaque monument par cœur. Il voudrait d'ailleurs devenir *guía*, guide touristique, aussi ne rate-t-il jamais un cours d'anglais et, quand l'occasion se présente, bavarde avec des étrangers pour enrichir son vocabulaire.

Ce qu'il préfère ? Le Zócalo bien sûr, surtout le matin, quand les militaires sanglés de kaki hissent le gigantesque drapeau de la République. Ou au Nouvel An, pour le grandiose feu d'artifice et les concerts de musique. Là survit encore la Mexico précolombienne et coloniale, un concentré de mille cinq cents monuments historiques autour de cette place, une des plus vastes du monde.

C'est une constante, les *Chilangos* expriment toujours une grande fierté quand ils évoquent leur ville – avec moult superlatifs – ; il faut dire qu'elle est protégée par la Vierge de Guadalupe, consolatrice et cathartique, qu'ils vénèrent tous, sans exception. L'effigie de cette sainte miraculeuse est diffusée partout, sur les médaillons, gris-gris, assiettes, étendards, calendriers, chopines ou porte-bonheur.

Mexico heurte les sens et brouille les repères. Car c'est un caléidoscope improbable de vendeurs ambulants et de boutiques ultra-design, de résidences coloniales, Art déco ou *mudejar*

> “Sur ta capitale, chaque heure vole,
> yeux cernés, fardée en calèche folle.”
>
> Ramón López Velarde

et de gratte-ciel de verre et d'acier, de sombres échoppes d'artisans et de spacieuses galeries d'art contemporain, de carrioles, de triporteurs bringuebalants et de belles américaines chromées. Une atmosphère déroutante. Un paysage urbain complexe, coloré, foisonnant, pétaradant, contrasté mais souvent englué dans un smog industriel, paravent orangé qui masque le Popocatépetl, majestueux volcan pointant son cône fumant à 5 452 mètres.

Malgré tout, une ville incroyablement verdoyante et fleurie, parsemée de gracieux jacarandas aux lourdes grappes mauves, d'eucalyptus et de ficus géants. Sauf dans les bidonvilles rampants des faubourgs de la *ciudad*.

Plus de vingt-deux millions d'habitants fourmillent dans quelque trois cent cinquante *colonias*, les quartiers de Mexico. Impressionnant ! Pour éviter tout problème lié à la promiscuité, hommes et femmes voyagent séparément dans le métro aux heures de pointe. Pourtant, à écouter Carlito, « sa » capitale ressemble à un gros bourg fragmenté, à un patchwork de villages aux identités bien trempées. Où les populations s'effleurent sans se rencontrer vraiment ... ici, les classes sociales ne se mélangent pas, ou si peu !

Les fins de semaine peut-être, dans l'extraordinaire parc de Chapultepec. Le poumon vert de la capitale où se croisent familles en goguette, joggers, cyclistes, amoureux, touristes et petits vendeurs de ballons. Un espace magnifique sillonné de pistes cyclables et parsemé de musées – dont le passionnant musée d'Anthropologie –, d'un zoo, de lacs pour canoter, d'attractions foraines et de restaurants qui s'étire au pied du Castillo, l'ancienne résidence des vice-rois et de l'empereur Maximilien.

Pour les grandes occasions familiales, « les anniversaires surtout », Carlito et les siens délaissent sans trop de regrets le Chapultepec pour passer la journée sur les canaux de Xochimilco. Tout le monde embarque sur des bateaux ornés de fleurs de papier, navigue le long des jardins de roses et de cultures maraîchères, fait la fête avec les orchestres de *mariachis* montés à bord et se restaure sur l'eau où glissent des canots chargés de braseros, cuisines flottantes pleines de promesses savoureuses... Quand il sera guide, Carlito partagera encore ce genre de moments festifs, mais cette fois avec les groupes qu'il conduira...

Adorée ou abhorée, Mexico ne souffre pas la demi-mesure.
Seuls les superlatifs peuvent la décrire – et pas toujours les plus flatteurs. Surpeuplée, ultra-polluée, très dangereuse… Rien de bien reluisant pour son ego de mégalopole. Et pourtant, elle s'attaque à la résorption des problèmes avec des résultats prometteurs. Et s'embellit avec une telle audace qu'elle peut sans rougir figurer parmi les capitales en vogue, étant déjà la plus avant-gardiste d'Amérique latine. « DéFé », comme on la surnomme ici, est réellement en train de dépoussiérer ses vieilles nippes pour arborer une tenue plus sexy. Moderniser sans détruire ni effacer le passé, c'est un peu le credo qui la motive.

DOUBLE PAGE PRÉCÉDENTE
Tous les matins, la montée officielle de l'immense drapeau national, sur le Zócalo.
À GAUCHE
Mexico la moderne ne cesse de rendre hommage à ses ancêtres, comme ici dans le quartier de Polanco.
À DROITE
Ambiance et identité différentes pour chaque quartier de la ville. « L.A. fashion » pour cette Mexicaine, à l'heure du « brunch », dans le quartier de la Condesa.

AMBERES
SEGURIDAD
PUBLICA

En se promenant dans les *colonias*, on finit par oublier que l'on se trouve dans une des plus grandes villes du monde pour ne garder qu'une impression de voyager dans des « villages » ombragés de majestueux jacarandas violets, ponctués de petits squares propices à la flânerie. Côté pile, on passe par Polanco la « chiquissime » avec ses luxueuses boutiques, les Lomas aux demeures patriciennes, la Condesa et Roma, deux fiefs Art déco fourmillant de petits restaurants branchés, Chapultepec la culturelle et sportive, Centro, une zone encore très artisanale rythmée par les écrivains publics et les bijoutiers, Alameda l'artistique ou encore Santa Fe l'ultra-contemporaine. Côté face, un trop grand nombre de quartiers beaucoup plus défavorisés, bien moins arborés et aux façades grisâtres…

À GAUCHE
Zona Rosa, quartier animé de bars, de boutiques et de restaurants.
À DROITE
Détente dominicale dans le parc de Chapultepec ; on y vient ramer en amoureux sur le lac, pique-niquer en famille, courir entre amis, visiter les musées.

Les yeux sont sans cesse sollicités. Du Templo Mayor, vestige aztèque, aux gratte-ciel de Santa Fe, une foultitude de styles se côtoient avec bonheur : baroque, churrigueresque, colonial, Art déco, hispano-mauresque, Belle Époque, moderne et futuriste. Les édiles ont aujourd'hui pour ambition de propulser Mexico sur l'avant-scène de l'architecture. Aussi de grands projets endormis devraient-ils voir le jour dans la prochaine décennie, avec la construction de nouveaux buildings, le long de Reforma et d'Insurgentes, la plus longue artère du monde, sans pour autant ébranler le cœur de la cité, son Zócalo, témoin de tous les événements politiques et festifs.

À GAUCHE
Intérieur moderne d'un appartement du quartier de la Condesa.
Sculpture contemporaine sur le Paseo de la Reforma, large avenue menant du Centro au chateau de Chapultepec.
Réunion de travail dans le salon d'un grand hôtel.

À DROITE
Maison coloniale et colorée dans le quartier de San Angel.
Détail d'une œuvre éphémère faite de sciure de bois colorée, réalisée par des Indiens sur le Zócalo.
Bâtisse restaurée en B&B dans le quartier de Polanco.
Détail de façade, céramique espagnole, dans le quartier de Coyoacán.
Rendez-vous sur la plaza San Jacinto de San Angel, le samedi, pour le Bazar del Sabado, où exposent de nombreux artistes peintres.

PHOTOGRAPHIES ANCIENNES
À GAUCHE Rue de Mexico au début du XXe siècle. À DROITE Vue de Mexico, déjà très étendue, au début du XXe siècle.

421
CORREOS
80¢
MEXICO68

PUEBLOS MÁGICOS
¡Cámara! Ciudad de México
Monumentos de una nueva generación
Picture Mexico City
RAYMUNDO SESMA
UAN RULFO
98
DIEGO RIVERA
Arte y revolución
LOLA ALVAREZ BRAVO
GUADALUPE
FOTOGRAFÍA

Créateurs, designers et architectes lorgnent sur certains quartiers pour l'instant totalement oubliés dans le plan de renouveau urbanistique. Avec l'idée de leur redonner du piment pour d'attirer les « bobos » locaux sans pour autant faire fuir leurs habitants actuels. Ces « pionniers » n'hésitent pas à ouvrir boutiques, bars ou restaurants complètement décalés dans leur nouvel environnement. Mais ce n'est qu'une question de temps avant que leur flair ne les propulse sur le devant de la scène…

À GAUCHE
Intérieur design d'un hôtel, dans le quartier de la Condesa.
Rue colorée à l'heure de la sieste.
À DROITE
Quartier moderne et branché de Polanco.

« Le baroque illustre à merveille la capitale mexicaine, le terme désignant une perle de forme irrégulière. Ainsi le baroque est l'art du mouvement, une esthétique de l'irrégulier et du bizarre, alors la Mexico du XXIe siècle qui se dévoile en est l'incarnation même : une capitale baroque et postmoderne. Mexico est un portrait aux multiples facettes qui laisse entrevoir les mille beautés et contrastes d'une mégalopole du XXIe siècle, du centre à la périphérie, des monuments les plus glorieux aux décharges, des luxueuses villas aux bidonvilles, des séismes aux sulfureux plaisirs de la vie nocturne. »

Rubén Gallo, *Chroniques littéraires d'une mégalopole baroque*

À DROITE
Mélange de styles... Rien n'effraie le quartier chic de Polanco.

102

Une aile de verre et de bois flotte au-dessus du Lago Mayor, en plein cœur du parc de Chapultepec. Un restaurant en fait, réputé auprès des Mexicains aisés pour ses gargantuesques brunchs dominicaux. Sur le lac qui l'enserre, des familles canotent ou font du pédalo, glissant et éclaboussant joyeusement les tables en terrasse. Dans les larges allées du parc, aux joggers, cyclistes et promeneurs se mêlent les vendeurs de ballons, de *chicles* et de *tamales*. Dans les files d'attente pour entrer dans les musées Rufino Tamayo, d'Anthropologie ou d'Art moderne bâtis dans le Chapultepec, les genres et les classes sociales se mélangent, car aujourd'hui, c'est gratuit.

À GAUCHE
Promenade nautique sur le Lago Mayor, dans le parc de Chapultepec.
Stand ambulant de parapluies, plutôt destinés à se protéger du soleil.
À DROITE
Près du musée Rufino Tamayo, dans le parc Chapultepec, les espaces publics jouent aussi du design.

Une sportive chromée snobe les berlines noires aux fenêtres en verre fumé. Un bus déglingué donne des coups de klaxon asthmatique pour doubler des vélos-taxis poussifs, manquant de heurter au passage un triporteur – pas du tout inquiet, car il se sait protégé par la Vierge de Guadalupe. Les véhicules prioritaires poussent leurs alarmes de thrillers américains pour égailler les essaims de Coccinelles vertes qui chargent et déchargent leurs clients sans s'arrêter. La police montée, fière de ses pantalons cloutés, observe toute cette agitation sans s'affoler, habituée ou résignée au trafic démentiel qui encombre Mexico. Une capitale qui dispose d'un excellent métropolitain, il serait bête de l'oublier.

À GAUCHE
Triporteur-taxi pour revenir du marché.
À DROITE
Le camion des *bombeiros* (pompiers), flambant neuf.
Policiers à cheval et en tenue traditionnelle, dans le centre historique.
Bringuebalant, les bus publics reliant les villes sont souvent très colorés.
À chaque quartier son style de policier, ici en Segway sur le Paseo de la Reforma.
Voiture décorative, emblème du très bel hôtel *Condesa*.
Les célèbres Coccinelles-taxis vert et blanc de la capitale.

801
BOMBERA
INFANTIL

¿Busca usted un Regalo Elegante y Personalizado?
GRABADO GRATIS
Plumas Grabadas
Con su Nombre
TENEMOS REPUESTOS
PARA TODO TIPO DE
PLUMA O LAPICERO
FUENTE-ROLER-ATOMICAS Y
PUNTILLAS 05 ETC.

POLICIA

CHIQUITIPOLL
106
Venta de
= FRES

Taquería, *dulcería*, *pastelería*… les petites cantines et les commerces traditionnels ont encore toute leur place à Mexico. Pourvu que cela dure, car c'est un de ses aspects les plus charmants ! Dans des quartiers « branchés » comme la Condesa, un bistrot de cuisine française ou bio peut voisiner avec une échoppe de *tacos*. D'ailleurs, il est plus que certain qu'ils se partagent la même clientèle. De toute façon, les Mexicains sont tellement gourmands qu'ils mangent quasiment tout le temps.

À GAUCHE
Échoppe de poulets frais (*pollo fresco*) et triporteur, une image clé des rues mexicaines.
À DROITE
Pour quelques centimètres d'ombre, devant le marchand de bonbons.

25%
FRAGANCIAS
2.50

WC
MOCHILA
$10

Los espacios
de
DIEGO y FRIDA

L'art contemporain investit les boulevards de Mexico, qui s'enrichissent de sculptures. Mais contrairement aux autres capitales, ce n'est pas vraiment une nouveauté ici. L'art a toujours imprégné les Mexicains et envahi leurs quartiers. Les plus grands artistes du pays, à savoir Diego Rivera, David Alfaro Siqueiros et José Clemente Orozco, ont laissé sur maints monuments des fresques impressionnantes et colorées retraçant tous les événements majeurs de l'histoire de cette République. Le muralisme est d'ailleurs né à Mexico et n'est pas près de s'éteindre.

DOUBLE PAGE PRÉCÉDENTE
Affluence quotidienne dans le centre historique, autour de la cathédrale et du Templo Mayor.

À GAUCHE
Mural de Diego Rivera, *Carnaval de la vie mexicaine*, dans le palais des Beaux-Arts.
Exposition de Frida Khalo au palais des Beaux-Arts.

À DROITE
Il n'y a pas que les *mariachis* qui jouent de la guitare. Rendez-vous à San Angel le samedi pour écouter divers musiciens.

Heures andalouses

En fin d'après-midi, une fraîcheur bienvenue se glisse dans les ruelles aux larges pavés, lustrés par des siècles de déambulations. Tiré de sa torpeur par le carillon des cloches de l'église Santo Domingo, un chien famélique aboie avant de se recroqueviller dans une flaque de soleil. Dans sa course arquée, l'astre allume les façades une à une, exaltant leurs couleurs ocre, bleue, jaune ou fuchsia. Derrière les fenêtres à linteaux, torsadées de fer forgé, les rideaux de dentelle s'émeuvent, la sieste est terminée. Sur son triporteur à la peinture écaillée, Pepe se dirige vers le Zócalo, surnom laissé par les colons espagnols aux places mexicaines. À cette heure, il sait que les enfants l'attendent avec impatience… enfin, surtout ses cônes poisseux de crème à la fraise. Annoncé par le tintement aigrelet de la clochette et son joyeux « *helado, helado* », Pepe immobilise sa glacière roulante à l'ombre des arcades qui ricochent tout autour de la grand-place. Le cœur de la ville arbore les carrures massives de ses édifices coloniaux. Sa cathédrale bien sûr, coiffée de dômes étincelants et flanquée de tours un rien austères. « Impressionnant, hein ? » lance fièrement Pepe aux têtes nouvelles qui hésitent à en franchir le lourd portail encore frappé du blason de l'Espagne conquérante. « *Adelante*, vous allez voir des *maravillosas* ! »… c'est vrai, des merveilles d'exubérance attendent les voyageurs médusés par les ors et les sculptures polychromes qui inondent nefs et transepts. Par endroits, la sobriété surprend tout autant, comme dans ces niches, occupées par des figurines de saints tressées dans des feuilles de maïs. Ou sur ces murs, recouverts de peintures colorées retraçant les Évangiles de manière un peu naïve. Elles devaient fasciner les populations indigènes et, surtout, les plonger dans le baptême chrétien…

Les anciennes maisons royales ont disparu du Zócalo, remplacées par le Palacio de Gobierno, long bâtiment rosâtre criblé de balcons ouvragés et d'une cour centrale. « *Puedes ver dentro toda la historia de nuestra ciudad* » (« À l'intérieur, on découvre toute l'histoire de la ville »), assure Pepe, guide improvisé. Et en effet, tout palais du gouvernement digne de ce nom abrite des peintures murales, parfois l'œuvre de grands artistes mexicains, avec toujours le même souci : raconter l'histoire de la ville ou de la région, d'avant et d'après la *conquista* espagnole… des fresques à la gloire des civilisations précolombiennes et qui stigmatisent les ravages de la colonisation.

Maintenant que Pepe a écoulé son stock de glaces, il offre à un *gringo* exténué par la chaleur encore étouffante un « taxi-tour »… dans son triporteur.

“ L’Eden n’était nulle part dans la région entre le Tigre et l’Euphrate, mais évidemment ici, entre le golfe du Mexique et Tehuantepec. ”

Sergueï Eisenstein

La promesse d’une virée de guinguois certes, mais oh combien mémorable ! Un étrange équipage qui fait rire les promeneurs et rend Pepe encore plus populaire, car après tout il est un peu l’ambassadeur de leur *ciudad reale*. Une « ville royale » – jadis grande pourvoyeuse d’or et d’argent pour les caisses avides de Charles Quint –, typique de celles qui surgirent en Nouvelle-Espagne au début de la colonisation. Un espace quadrillé de rues tracées au cordeau, qui pourrait être monotone s’il n’y avait, pour rompre cet hypnotique damier, les kyrielles de placettes piquées de lauriers touffus et de ficus géants. L’opulence de son passé colonial se manifeste tantôt avec pudeur, tantôt avec ostentation. Des demeures patriciennes aux tuiles incarnat, agrémentées de patios andalous, exhibent colonnes de marbre blanc et graciles arcs mozarabes. D’autres se calfeutrent derrière leurs façades en dentelle de pierres roses sculptées ou leurs décors d’azulejos, superbes carreaux de faïence multicolores de la plus pure tradition hispanique… Des drapés éclatants mais patinés par la nostalgie des colons pour une terre natale trop lointaine qu’ils ne fouleraient jamais plus. Des arabesques et des fioritures qui permettaient aussi de distinguer le rang de leurs propriétaires, aristocrates aventuriers, colons enrichis par le négoce avec le Vieux Continent ou représentants de la couronne d’Espagne.

Au gré des *cuadras*, l’intarissable Pepe a toujours une anecdote croustillante à raconter sur les anciens habitants. Des histoires alambiquées mais qui fourmillent de détails si précis, si vivants que son auditoire subjugué se demande s’il ne faisait pas lui-même partie des premiers colons…

Infatigable, Pepe pousse maintenant son triporteur vers les abords de la *ciudad*, où gisent les ruines d’un monastère que les missionnaires bâtissaient toujours en périphérie des villes nouvelles pour rester en contact avec les Indiens. Les terres au-delà appartenaient à une riche hacienda, gigantesque propriété agricole, pourvue d’habitations armées de guérites et de meurtrières, d’un corral et d’écuries, de silos à maïs et de *cascos* pour la transformation des cannes à sucre. Mais c’est finalement au Zócalo que Pepe dépose son nouvel *amigo* un peu courbaturé par cette tribulation chaotique à la recherche des éclats du colonial. Car c’est sur cette *plaza mayor* que vibre, chaque soir, la population. Rassemblés autour du kiosque à musique illuminé de lampions rouges, verts, bleus et jaunes, villageois et citadins soupirent sur les airs de *ranchera* et dansent aux notes d’une *cumbia*.

JUEVES
BOTANA
RICOS
MIXIOTES

Un feston de poires rouges, blanches et vertes – les couleurs du drapeau national. Reliées par des cordelettes suspendues d'arbre en réverbère, les ampoules électriques s'allument. Dans leurs costumes, blancs pour les hommes, brodés de fleurs pour les femmes, les couples de danseurs attaquent les premiers pas. Comme tous les samedis soir, un spectacle folklorique anime la Plaza Mayor. Les danseurs de *jaranas* se produisent devant le Palacio Municipal de Mérida d'où partit en 1821 l'appel à l'indépendance du Yucatán. Un hôtel de ville assis sur les reliefs d'une pyramide maya que les premiers colons démantelèrent pour bâtir leur nouvelle ville.

DOUBLE PAGE PRÉCÉDENTE
Mariachis dans un restaurant de quartier à Mexico DF, État de Mexico.

À GAUCHE
Statue de Jose Antonio Torres à Guadalajara, État de Jalisco.

À DROITE
Arcades du Palacio Municipal et Plaza Mayor à Mérida, État du Yucatán.

Blancs, hiératiques, à frises, à colonnes et à tourelles, ils détonnent mais en imposent. Opulents manoirs et palais qui bordent le Paseo de Montejo, les « Champs-Elysées » de Mérida où résidaient de riches commerçants que Paris faisait rêver. Bien-nommée Ciudad Blanca, la capitale yucatèque prospéra grâce au sisal, or vert de ses campagnes, qu'elle exporta à la fin du XIXe dans toute l'Europe industrielle, la France du textile notamment. Une surprise architecturale au milieu de son aire coloniale colorée, fondée par Francisco Montejo sur les ruines de l'ancienne cité maya Tiho.

À GAUCHE
Sortie des classes. Retrouvailles de jeunes élèves, certains en uniforme, dans un jardin de Guadalajara, État de Jalisco.
À DROITE
Maison coloniale du XIXe siècle sur le Paseo de Montejo à Mérida, État du Yucatán.

« Viens, laisse-toi tomber avec moi
dans la cicatrice lunaire de notre ville [...], ville cristal
d'effluves et givre minéral, ville présence de tous nos oublis,
ville aux falaises carnivores, ville douleur immobile,
ville de la brièveté immense, ville du soleil arrêté [...],
ville nouvelle près de la poussière sculptée,
ville au bord du ciel géant, ville aux vernis obscurs
et aux pierreries [...]. Nopal incandescent. Aigle sans ailes.
Serpent d'étoiles. C'est ici que le sort nous a placés.
Que pouvons-nous y faire ?
Dans la plus limpide région de l'air. »

Carlos Fuentes, *La Plus Limpide Région*

À DROITE
Place et jardin public à Mazatlán,
État du Sinaloa.

Parées d'ocre et d'ivoirin, de sculptures torsadées ou de faïences émaillées, soulignées de balcons en fer forgé, les demeures coloniales savent séduire. Prestige et ostentation, telles étaient leurs ambitions pour flatter leurs hôtes et éblouir les passants. Les urbanistes de la Nouvelle-Espagne, très attachés à la terre mère, apposèrent leur griffe méditerranéenne de style Talavera. Dès le XVIe siècle, la tradition andalouse des patios et des *azulejos* s'imposa, tout en intégrant parfois des éléments d'origine indienne. Un métissage élégant, délicat, d'un certain baroque mexicain. Puebla, et son fameux style *poblano*, abrite encore les plus beaux fleurons de ce colonial éclatant.

À GAUCHE
Détail de façade sculptée de style plateresque de la Casa de Montejo, construite entre 1543 et 1551, à Mérida, État du Yucatán.

À DROITE
Façade de la Casa del Alfeñique, faite de briques et de faïences, à Puebla, État de Puebla. Elle abrite aujourd'hui le musée de l'État.

1000
EL BANCO DE MEXICO
500
QUINIENTOS PESOS

Capiteux, les parfums hispaniques planent toujours dans les rues et animent la rumeur des cités coloniales. Clochers et coupoles, éventails et robes à volants ou en dentelle, avenues pavées, émaux jaunes et bleus ou céramiques vernissées : les traditions importées par les colons demeurent prégnantes dans la société mexicaine contemporaine. Toutefois, au cœur des villes de l'ancienne Nouvelle-Espagne, des figures héroïques, statues figées dans le bronze, rappellent du haut de leurs socles la force des insurgés, ceux qui osèrent défier l'occupant.

À GAUCHE
Jour de fête et costume de danse traditionnel.
Détail de façade de style poblano ; *azulejos*, céramiques et briques, Puebla, État de Puebla.
Temple de la Merced à Guadalajara, État de Jalisco.
Artisanat de plats en terre cuite peints à la main.
Détail de coussin brodé.
Plaza Hidalgo à Mérida, État du Yucatán.
PHOTOGRAPHIES ANCIENNES
À GAUCHE ET À DROITE Rues au début du XXe siècle.
À DROITE
Calèches pour une promenade touristique dans le centre historique de Guadalajara, État de Jalisco.

Rose et bleu sur leurs socles de pierre brute, les arcades hispaniques procurent l'ombre à Cholula, ancienne cité cérémonielle dédiée à Quetzalcóatl. Une petite ville festive, toujours très marquée d'indianité mais cosmopolite grâce à l'affluence d'étudiants du monde entier qui fréquentent son université. Son bijou le plus remarquable reste sans aucun doute la Capilla Reale ou Chapelle royale, bizarrement coiffée de quarante-neuf coupoles. Une œuvre très inspirée de la grande mosquée de Cordoue, en Andalousie, que les colons espagnols firent édifier sur les ruines de l'ancienne Cholula, au terme d'une bataille inégale.

À GAUCHE
À la fraîche, sous les arcades de la grande place de Cholula, dans les environs de Puebla, État de Puebla.
À DROITE
Indien maya, vendeur ambulant de *chicles*,de bonbons et de cigarettes. San Cristóbal de las Casas, État du Chiapas.

Incroyable et rare au Mexique : ils sont ici interdits dans les rues.

Les *vendedores ambulantes* ! Puebla la coloniale conservatrice a poussé hors ses murs les petits vendeurs de snacks, *tamales* et autres douceurs à manger.
Une aubaine pour les *cantinas* et les *fondas*, qui pullulent à chaque coin de rue. Pour vanter leurs spécialités maison, comme le savoureux *mole poblano*, les enseignes raccoleuses, joliment kitsch, s'inspirent de vieilles affiches de films espagnols. Et pour terminer de convaincre le passant affamé, les serveurs zélés, au garde-à-vous sur les seuils, les gratifient de leur bagou tonitruant.

À GAUCHE
Boutiques de bottes en cuir, pour les *rancheros* de Chihuahua, État de Chihuahua.
À DROITE
Serveurs attendant les clients. Le restaurant propose la spécialité de Puebla, État de Puebla : *le mole poblano*.

FONDA
JE CHULA ES PUEBLA
MOLE POBLANO
X Kilo Hecho aqui
En Pasta Para su Casa
AUTENTICO
Fonda
6 NORTE,
Su Amiga IRMA
(NO TENEMOS SUCURSALES

Jumper

Bleu dur, ocre, tango, fuchsia, rouge brique… Les façades coloniales explosent de couleurs, toniques ou défraîchies. Un vrai régal pour les yeux. Un maquillage un brin snob pour leurs anciens habitants. Bourgeois ou petits commerçants, les colons espagnols qui ne pouvaient s'offrir de belles maisons masquaient d'enduits teintés les matériaux de piètre qualité comme l'adobe, un agglomérat de brique séchée et de paille. Aujourd'hui, les façades colorées sont tellement associées à l'art de vivre mexicain que des bourgades simplement chaulées de blanc se mettent à peinturlurer leurs mur, « car les touristes aiment bien », paraît-il…

À GAUCHE
Cloche d'entrée d'une belle maison à Mexico DF, État de Mexico.
Détail de fenêtre en fer forgé à San Miguel de Allende, État de Guanajuato.
Le triporteur comme moyen de transport dans les centres historiques des villes et des villages.
Calèche touristique devant le couvent d'Izamal (le plus grand de ce genre en Amérique), État du Yucatán.
Rue de San Cristóbal de las Casas et Indiens mayas, État du Chiapas.
Fillette avec son jus d'orange, devant une façade colorée de Zacatecas, État du Zacatecas.
À DROITE
Détail architectural de fenêtre à Querétaro, État de Querétaro.
En allant vers le *zócalo* pour y jouer un air de guitare.
Détail architectural colonial à Chihuahua, État de Chihuahua.

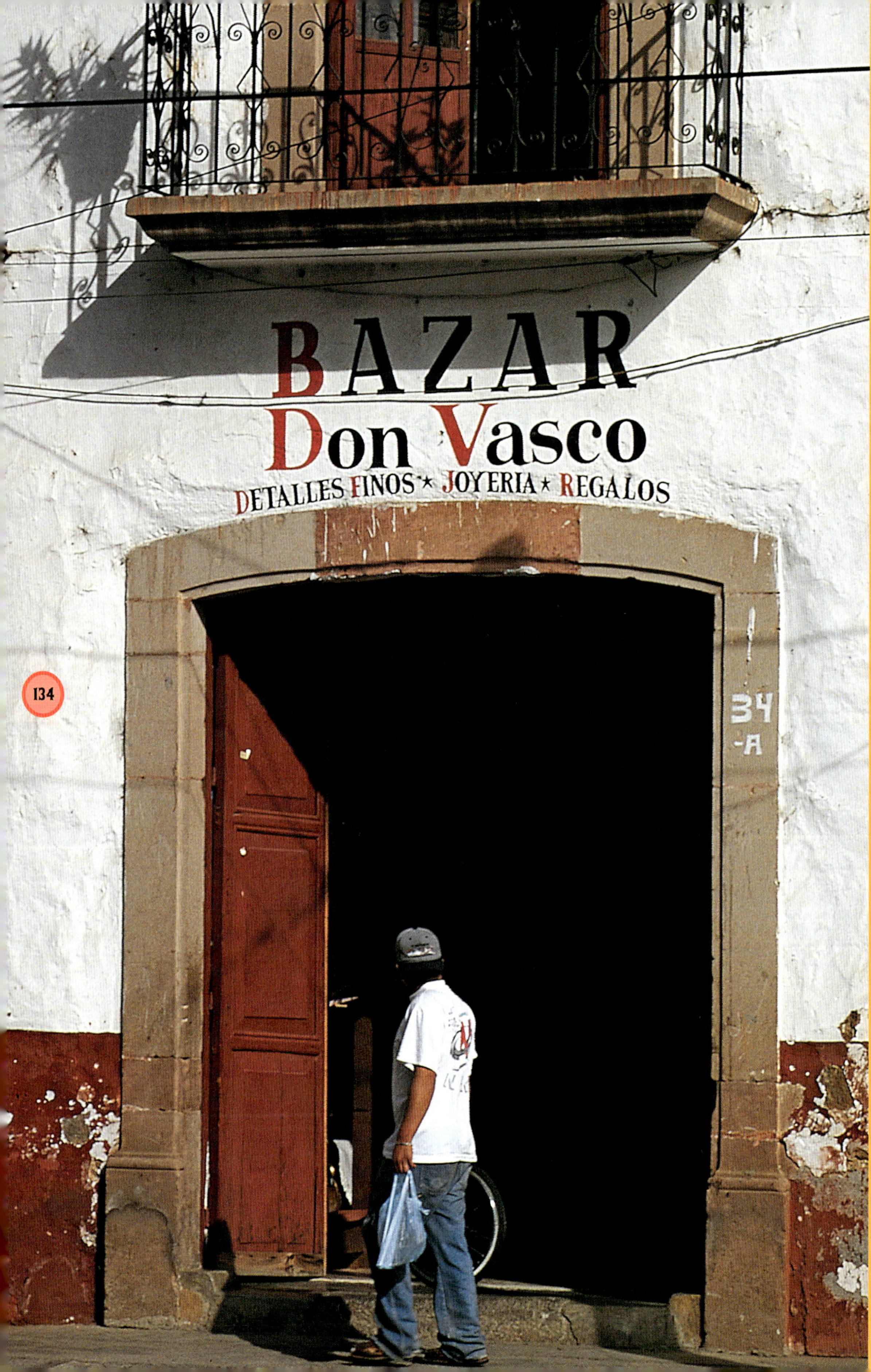

Ruelles somnolantes, *zócalo* déserté, église silencieuse : la sieste frappe. Tous les jours, toutes les bourgades, à la même heure. Les voyageurs éveillés mais accablés par la chaleur n'ont plus qu'à se replier sous les arcades plus fraîches qui jalonnent les grandes places des villes coloniales. Leurs cafés restent ouverts, les échoppes d'artisanat, de bijoux et de souvenirs également. Les jours de pluie diluvienne, ces mêmes arcades se font protectrices ; on s'y entasse en attendant l'accalmie.

À GAUCHE
À chaque ville sa spécialité. Travail et commerce de l'argent (bijoux, articles de cuisine et objets de décoration) à Taxco, État de Guerrero.
À DROITE
Cafés et commerces s'étirent à l'ombre des arcades autour de la Plaza Mayor, à Mérida, État du Yucatán.

995

Histoires d'eaux

Aigue-marine, saphir, turquoise, céladon, violine… Merveilleux camaïeu de bleu-vert d'une mosaïque d'eaux qui dérobe aux volcans, aux forêts, aux pyramides ou aux palmiers leurs silhouettes et les redessine dans leurs miroirs liquides. L'œil regarde le ciel, son iris azur aveuglé de soleil. Y plonger pour se fondre dans les entrailles de la terre.

Quand les Espagnols foulèrent le Yucatán, l'absence de rivières les surprit. Comment les Mayas pouvaient-ils survivre sur ce plateau aride, sporadiquement inondé par les pluies diluviennes ? La clé de l'énigme était à chercher dans les *chultunes*, des poches creusées par les indigènes pour récupérer de l'eau potable, mais également dans les *cenotes*, des puits naturels formés après l'effondrement des grottes.

Spéléologue chevronné, archéologue passionné, Patricio ne se lasse pas de les explorer, malgré les dangers auxquels il s'expose. Il faut être un doux dingue comme lui pour descendre dans le fond de ces gouffres naturels qui criblent le sol yucatèque, calcaire et ultra-perméable, et s'engager dans leurs boyaux aqueux pour suivre les mystérieuses rivières qui tissent leur toile souterraine. Avec des complices de Palanque, Patricio a un jour découvert une voie et, après une heureuse odyssée sous-marine, abordé les rivages du golfe…

D'autres descentes dans un de ces *dzonot* – en langue maya – ont permis aux archéologues de remonter une foultitude d'objets précolombiens des plus précieux, notamment des colliers de jade, des masques et des poignées de bijoux en cuivre et en or. Mais aussi, trouvailles plus sinistres, de très vieux crânes humains…

Offrandes, sacrifices, suicides, crimes ? Toutes sortes de conjectures fleurissent encore. Malgré la légende qui perdure autour du Cénote Sacré de Chichén Itzá, selon laquelle seules des vierges y auraient été jetées pour plaire aux dieux, les archéologues savent aujourd'hui qu'il n'en fut rien, grâce aux ossements exhumés d'hommes et d'enfants mâles.

Chen-Ku, le Cénote Sacré, demeure pour les Mayas des Basses Terres un haut lieu de pèlerinage.

Mais il n'est pas toujours besoin de prendre des risques ou de s'harnacher de combinaisons et de bouteilles pour s'immerger dans un cénote.

> **“L’eau du Cénote Sacré des Mayas est un œil tourné vers le ciel : un soleil qui se reflète à la surface du monde.”**
>
> Francisco Azuela

Certains, comme le cénote Azul, forment des lagons opalescents ouverts sur le ciel. D’autres, dérobés au regard, restent faciles d’accès après une courte balade. Se révèlent alors des petits lacs turquoise scintillants de stalactites et de stalagmites, grandes orgues minérales d’une cathédrale enfouie parée d’ocres.

Plus près du ciel, Dzitnup, près de Valladolid, est devenu pour les contemporains un haut lieu de batifolage. Tixco prépare la *lancha*, qui aurait bien besoin d’un petit coup de peinture fraîche. Tout à l’heure, cette longue barque à moteur s’enfoncera sous le poids de ses dix passagers. Des touristes qu’il emmènera sur le Río Grijalva. Un cours bleu nuit, fougueux, dompté par des barrages. Le deuxième fleuve du Mexique, tel un ruban de papier de verre, râcle, creuse, évide inlassablement le superbe et profond Cañon del Sumidero, flanqué de forêts drues, de grottes bruissantes d’oiseaux, de rochers aux formes étranges et d’une paroi irréelle, moussue, *El Arbol de Navidad*.

Un canyon honoré des Mayas des Hautes Terres du Chiapas.

Un cimetière aquatique. Depuis que quelques-uns de leurs ancêtres, plutôt que de se soumettre aux conquérants espagnols, ont préféré se noyer dans le canyon. Un site emblématique tellement chargé d’émotion, d’histoire, de tragédie qu’il figure sur le blason du Chiapas.

Dans la jungle émeraude de ce Chiapas, des cascades rebondissantes égrènent leurs perles d’eau.

Puissantes comme celles de Misol-Ha, nées de deux sources jumelles, celles du Río Paxilhá et du Tulija.

Paradisiaques comme celles d’Agua Azul qui faranfolent dans leurs bassins cristallins. Vasques de pierres soyeuses, piscines claires striées de bleus où les Indiens chol se purifiaient, où Romero et ses sœurs s’éclaboussent et se prélassent. Où les randonneurs se rafraîchissent.

Loin de là somnole le lac de Pátzcuaro. Forge de l’âme du Michoacán, il impose son souffle aux villages purépechas qui le bordent. Tous les Mexicains le connaissent sans pour autant l’avoir vu. Car ses pêcheurs au filet à papillons s’impriment sur les billets de cinquante pesos… hommage national à une pratique ancestrale en voie d’extinction. La nostalgie aussi a un prix.

Longs rubans de sable blanc ou petites criques dérobées, les plages

parmi les plus belles du Mexique ourlent la sublime mer de Cortés. Une palette de céladon et d'outremer, de bleu saphir et de turquoise. Un berceau enchanteur pour les baleines grises et bleues, qui, chaque hiver, descendent d'Alaska pour y donner naissance à leurs petits. Loin des « resorts » de Cabo San Lucas, la « mexicanité » de La Paz respire dans son architecture, ses maisons peintes, ses balcons en fer forgé et ses fenêtres à jalousie. Tous les soirs, les locaux se rendent sur le *malecón*, large promenade du front de mer, pour assister au coucher du soleil. Un rituel auquel personne ne songerait à déroger ici !

DOUBLE PAGE PRÉCÉDENTE
Mer des Caraïbes, le long de la Riviera Maya, près de Cancún, État de Quintana Roo.

À GAUCHE
Érosion spectaculaire à Puerto Balandra, une très belle baie de la mer de Cortés. État de Basse-Californie.

À DROITE
Autrefois pêcheur, Luis propose à présent des balades touristiques autour de l'île de Cozumel sur son bateau de bois.

À l'ombre des *cabañas*, dans des hamacs distendus, une noix de coco sirotée à la paille, ils scrutent l'océan que survole en rase-motte une escadrille de pélicans bruns… Les flots sont décidément trop calmes à leur goût. Les chevaliers de l'écume, cheveux décolorés et corps bronzés, n'ont plus qu'à remiser leurs planches de surf pour s'adonner à d'autres loisirs. Ils ne manquent pas sur ces côtes. Plongée au milieu des patchworks de coraux pour observer les multitudes de poissons multicolores, équitation sur les plages jusqu'à l'embouchure d'un grand fleuve, pêche au gros… Et puis non, finalement, ce sera baignades et *siesta*. Bonheur tout simple d'évasion mexicaine.

À GAUCHE
Envol de pélican. Ils sont nombreux le long de la côte pacifique à faire des piqués dans l'océan pour attraper les poissons.

À DROITE
Immense plage de sable doré où seule l'ombre des *cabañas* permet une halte prolongée. Playa Pie de la Cuesta au nord d'Acapulco, État de Guerrero.

ARRAYEROS
huatanejo A.C.

Son petit port rythme toujours la vie des habitants. Dès les premières lueurs de l'aube, Zihuatanejo s'égaye avec le va-et-vient des longues barques alourdies par les prises de la nuit : des merlins, des raies et des espadons. Durant la journée, les pêcheurs burinés de sel et de soleil troquent filets contre masques et palmes pour emmener les touristes en balade autour des récifs, sanctuaires des dauphins et des poissons tropicaux. Le soir, le village se perd dans ses rêves. Et se souvient que Zihuatanejo, « la Femme noire » en langue nahuatl, était, bien avant son essor touristique, bien avant d'exister sur les cartes maritimes européennes, le lieu de villégiature favori des rois purepecha.

À GAUCHE
Pêche vendue, bateaux nettoyés et rangés sur la plage, ces pêcheurs profitent de la douceur de fin d'après-midi à Zihuatanejo, côte pacifique, État de Guerrero.
À DROITE
Fier de sa pêche, ce jeune garçon va ensuite la déposer sur l'étal familial du marché aux poissons, Zihuatanejo, État de Guerrero.

« Filets, filets que tiennent les pêcheurs sur la lagune
Filets qui dans les nuits de lune sont comme des broderies
d'obscurité dans la mangrove.
Chapala, tu es un paysage fait pour les âmes éprises
Essaim de petits *charral*, pêchés tant tôt à l'aube.
Chapala ce sont tes canots tel un cortège de fantaisie
Chargés de mangues vertes, de melons et de pastèques
Du côté de Ocodal le soleil se lève,
du côté de Tipazan se lève la lune ;
Et la marée peu à peu monte dans la lagune
Chapala, [...] où les âmes peuvent tutoyer Dieu
La lune s'est cachée et s'est endormie sur la lagune. »

Chanson mexicaine traditionnelle de José Pepe Guizar Morfin

À GAUCHE
Indien purepecha avec son filet de pêche en forme de papillon sur le lac de Pátzcuaro, État du Michoacán.

Droite, gauche… les longues barques bleues et rouges dodelinent mollement sur leur lit aquatique. Elles se remettent de leur éprouvante mais fructueuse sortie nocturne au large. La pêche fut encore bonne et leur capitaine est content d'avoir pu approvisionner ce matin plusieurs restaurants de la plage. Après la sieste, les embarcations reprendront la mer. En attendant, leur capitaine remaille les filets, dénoue les lignes de hameçons, redonne un coup de peinture à la coque écaillée ou change et huile quelques pièces du moteur.

À GAUCHE
Paisible baie de Pichilingue au nord de La Paz, où le désert de Basse-Californie se jette dans la mer de Cortés.
Bateaux pour la promenade dominicale sur la lagune de Coyuca, au nord d'Acapulco, État de Guerrero.
Filets et barques des pêcheurs, petit port improvisé au bout de la plage à Isla Mujeres, État du Quintana Roo.
Étal de petits poissons frais sur les marchés des villages côtiers.
Tôt le matin, les bateaux s'éloignent pour larguer les filets qu'ils tireront ensuite jusque sur la plage, côte pacifique.
Filets de pêche.
À DROITE
La peau tanée par le soleil, mais le regard toujours protégé par son chapeau, le pêcheur prépare ses lignes pour la prochaine sortie en mer.

Sous les pyramides, la plage. Promesse de la Riviera Maya,

une côte caribéenne aux sublimes dégradés de bleus, qui prend la pose sur les posters de papier glacé. Elle déroule un chapelet de stations balnéaires américanisées, à l'image de Cancún, la star tapageuse de ce littoral yucatèque. Mais, heureusement, il existe encore des lieux idylliques où l'on savoure des poissons tout juste sortis de l'eau et des jus de fruits qui n'ont pas le goût d'une cannette. Où enfin l'on traîne ses tongs et ses sandales avec nonchalance, car, après tout, la Riviera Maya c'est quand même le Mexique… On regrette parfois que celui-ci ne se manifeste plus que dans les assiettes et les petits musées d'histoire locale.

À GAUCHE
Petit village de pêcheurs devenu station balnéaire, Playa del Carmen offre de nombreuses boutiques à ses visiteurs, État du Yucatán.
À DROITE
Annonce des prochains matchs de basket-ball qui se dérouleront au coucher du soleil sur le terrain à côté de la plage.

MUNICIPAL
DE
QUET-BOOL
DE 8, 9 y 10 DE Abril
TECNOLOGICO DE MERIDA
V:S
ISLA MUJERES

Superior
HURACAN III

Son nom évoquerait plus une citronnade glacée qu'un mythe. Acapulco, la plus ancienne station balnéaire du Mexique, aligne son fronton d'hôtels un peu défraîchis sur une baie étincelante. Croissant de lune où les eaux turquoise du Pacifique lèchent le sable blanc nacré. En arrière-plan, un décor moucheté de collines moelleuses, de cocoteraies verdoyantes et de lagunes limpides. Ici, tout est fait pour que les touristes laissent à l'hôtel téléphones portables, clés de voiture, soucis professionnels, mais, si possible, pas leur portefeuille… Le clou du séjour reste le spectacle des *clavadistas*, les plongeurs de la mort. Ils réalisent des sauts de l'ange depuis la Quebrada, une falaise haute de 45 mètres, qu'ils frôlent dangereusement.

À GAUCHE
Célèbres *clavadistas* à la Quebrada d'Acapulco, État de Guerrero.
Bar de plage, tequila et sodas.
Quelques hôtels luxueux dominent la baie de Manzanillo sur la côte pacifique.
Les femmes vendent la pêche des hommes sur le marché aux poissons à Zihuatanejo, État de Guerrero.
Désert et mer de Cortés.
Lagune de Coyuca, bordée de cocotiers, où le week-end, les familles embarquent sur les bateaux colorés.

À DROITE
Mangrove dans le Yucatán.
Agua Azul, une succession de cascades et de bassins aux eaux turquoise, au cœur de la jungle du Chiapas.
Alligator, État du Chiapas.

PHOTOGRAPHIES ANCIENNES
À GAUCHE Village d'insurgés aux environs de Chihuahua, début du XXe siècle.
À DROITE Canal de la Vega à Mexico, début du XXe siècle.

Orchidées opalines, cyprès des marais et palétuviers aux racines serpentines tissent le troublant labyrinthe des mangroves qui flanquent les rivages du golfe du Mexique. Un paradis grouillant de crustacés, de moustiques et de fretin, formidable garde-manger pour les frégates, ibis et cormorans qui nichent dans les arbres. Imperturbables sur leurs cannes filiformes, des milliers de flamants roses jouent les équilibristes. Les ailes en parachute, aux aguets, une aigrette plane doucement avant de happer en un tour de bec un poisson malchanceux. L'eau à mi-pattes, des échassiers roses farfouillent la vase de leur étrange bec spatulé. Un milieu aquatique mi-salé mi-douceâtre qui s'émeut à peine du clapotis provoqué par la barque d'un pêcheur de crabes.

À GAUCHE
Héron blanc guettant le poisson dans une lagune du Michoacán.
À DROITE
Pêcheur longeant les mangroves dans la réserve naturelle du Río Celestún, qui abrite plus de trois cents espèces d'oiseaux, État du Yucatán.

« Ainsi Nezahualcoyotl s'entretenait en jouant
mais une fois il tomba à l'eau.
Et on dit que l'en sortirent les hommes-hiboux,
les magiciens ; ils vinrent le prendre,
l'emmenèrent là-bas, au Poyauhtécatl,
la montagne du seigneur de la brume. »

Nezahualcoyotl, poète-roi aztèque (1402-1472)

À DROITE
Indien lacandon dans la lagune de Naha, dans l'est du Chiapas.

Entorse à l'adage populaire, c'est bien en groupe et en famille qu'elles lavent leur linge sale. Elles n'ont pas le choix d'ailleurs, car l'eau courante n'arrive toujours pas dans leurs hameaux isolés. Aussi, tout le long des *ríos* mexicains peut-on voir les « lavandières » indiennes agenouillées sur les berges, occupées à frotter, à tremper et à rincer serviettes, draps et vêtements, qui sèchent ensuite, étalés au soleil. Ces mêmes rivières et fleuves où les hommes font boire les troupeaux et où des usines déversent parfois leurs eaux usées…

À GAUCHE
Indiennes purepecha de corvée de linge sur les berges du lac de Pátzcuaro, île de Janitzio, État du Michoacán.

À DROITE
De nombreuses rivières sillonnent le Michoacán jusqu'à l'océan Pacifique. Et toujours le linge qui sèche sur des bosquets.

164

Les lacs scintillent, les rivières caracolent, leurs noms reflètent leurs couleurs, leur écrin. Agua Azul, ses eaux vert turquoise roulent sur le sable ou le calcaire. Agua Esmeralda, le lac émeraude réfléchit la forêt de pins qui l'enserre… Parmi les plus belles rhapsodies aquatiques figurent les Lagunas Colores du parc national de Montebello, dans le Chiapas. Un collier de perles multicolores, une enfilade de lacs irisés, limpides et cristallins, vert bouteille, turquoise ou bleu encre… Tout dépend des caresses du soleil.

DOUBLE PAGE PRÉCÉDENTE
Indiens lacandons sur une presqu'île située au milieu de la lagune de Metzabok, État du Chiapas.

À GAUCHE
Cénote Dzitnup, un des plus beaux du Yucatán, car seul un petit trou dans la voûte laisse passer la lumière.
À DROITE
Une rivière turquoise qui serpente dans la forêt et, soudain, de gigantesques cascades bombées. Une halte pour le plaisir des yeux et de la baignade, Agua Azul, État du Chiapas.

Héritiers des bâtisseurs

Ils ne se connaissent pas. Comment le pourraient-ils d'ailleurs ? Des plaines brûlées, des volcans poudrés de neige, des déserts rocailleux, des jungles exubérantes, des lacs et des canyons profonds les séparent.

Leurs *pueblos* sont leur pays ; leur région, leur horizon.

Et pourtant, leurs souffles se rejoignent, leurs créations se rencontrent. À des centaines de kilomètres d'eux. À la Casa del Obispo de San Angel ou dans quelque riche boutique *Fonart*, fondation pour l'essor de l'art populaire mexicain et le commerce équitable.

Sur un rayon blanc, laquée de fleurs peintes de couleurs vives, repose une ravissante calebasse décorative. Au-dessus, suspendu par une cordelette, un miroir bizarre en feuilles d'alu oscille. Au-dessous, sur une table en bois brut, criblé de centaines de fines perles aux couleurs de l'arc-en-ciel, un masque grimace. Devant lui, un animal fantastique jaune, rouge, vert, bleu et rose lance un regard furibond. Dans un recoin, un *huipil* richement brodé, déployé sur une chaise, inspire. À ses pieds, des poteries et des céramiques noires, rayées ou ornées de motifs géométriques, des paniers en osier finement tressés et une altière jarre en cuivre.

Dans son atelier, avec son père et son frère, artisans comme lui, Martín martèle une plaque de cuivre qui demain prendra la forme d'un plateau ciselé. Des gobelets, des plats, des jarres, des pichets d'un cuivre rouge ambré s'amoncellent dans un coin. Ces objets, filigranés, gravés, bosselés ou polis quitteront le village de Santa Clara del Cobre dans le Michoacán pour Mexico.

À cette même heure, rivé sur un tour, Francesco enlace d'une dernière caresse argileuse le galbe luisant d'un vase, tandis qu'un jeune apprenti extrait du four des cruches qui seront peintes et laquées, selon des techniques transmises par les anciens Indiens mais enrichies par des apports espagnols, tels l'émail, la vitrification ou la cuisson à haute température. La plupart des œuvres partiront à Mexico, les autres approvisionneront le magasin où Francesco ne se montre quasiment plus.
La demande pour ses poteries et ses céramiques devient si forte auprès des Tapatíos de Guadalajara et des touristes qu'il passe désormais toutes ses journées dans l'arrière-boutique de Tlaquepaque, pittoresque village de potiers du Jalisco.
Ses plus belles créations du mois, enrubannées comme des momies fluo et délicatement emballées dans des gangues de papier bulle, attendent

> Nul au Mexique ne peut être initié [...]
> s'il n'a été auparavant touché par le glaive
> du vieux chef indien qui commande à la Paix
> et à la Guerre, à la Justice, au Mariage et à l'Amour.

Antonin Artaud

dans des caisses estampillées leur envol pour de lointaines destinations ; les États-Unis surtout, l'Europe parfois.

À l'autre bout du Mexique, des femmes mayas, assises par terre, tissent, brodent, peignent et brochent des textiles de laine. Là encore, elles œuvrent dans le respect de traditions multiséculaires pour fabriquer de superbes *huipils* colorés. Leurs dessins zoomorphes ou géométriques d'origine précolombienne se déchiffrent comme les pages d'un livre d'histoire ; histoire de leur village, de leur ethnie ou de leur statut social. Les motifs de diamants, de maïs, de zigzags, de scorpions, d'abeilles ou d'étoiles, les tons rouges, bleus, fuchsia, blancs et jaunes, tout évoque une cosmogonie bien vivace. Ces femmes tisseuses répètent la gestuelle sacrée de leurs ancêtres, que protégeait déjà la déesse Ixchel.

Tout aussi esthétiques et symboliques se déclinent les créations en *jícaras*, minuscules perles multicolores, dont les artisans huichols de la sierra Madre Occidental perpétuent le savoir-faire. S'il est difficile de les rencontrer, leurs compositions très recherchées voyagent dans tout le pays et au-delà des frontières...

Pour qui veut s'immerger dans l'artisanat indien, l'Oaxaca s'impose. Des centaines de milliers d'artisans y honorent un art populaire somptueux plusieurs fois millénaire. Leurs productions de textiles chamarrés, de poteries noires ou vernissées, de masques polychromes, de vanneries et de bijoux raffinés permettent à quantité de familles de subsister et d'éviter de grossir le flot misérable des Indiens exilés. C'est ainsi que Diego – de son nom espagnolisé –, talentueux spécialiste du bois de Tilcajete, peut vivre auprès de ses parents. Avec d'autres *compagneros*, il fabrique les fameux *alebrijes*, ces dragons et animaux fabuleux en bois peint. Certains artisans, pleins de verve, brodent des récits folkloriques pour conter l'origine de ces créatures uniques... qui sont en réalité nées des cauchemars récurrents d'un dormeur perturbé... quelle extraordinaire exorcisme !

L'héritage indien imprègne le Mexique contemporain. L'âme amérindienne évolue dans l'art et l'artisanat certes, mais aussi dans la cuisine – nourrie d'ingrédients du passé –, dans les dialectes plus ou moins métissés, dans les coutumes et les costumes... D'ailleurs, et pour n'évoquer que la destination touristique phare du Mexique, un dicton populaire ne rappelle-t-il pas que « les Yucatèques parlent l'espagnol mais pensent en maya »...

Leurs ombres se rapetissent. Leur culture s'estompe, corrodée par la modernité avide. Les hommes aux cheveux longs, vêtus de longues tuniques écrues, disparaissent des forêts chiapanèques décimées pour leurs acajous. Les Lacandons, qui se nomment eux-mêmes les « Vrais Hommes », ne sont plus qu'une poignée dans le Chiapas oriental. Seuls ceux de Naha perpétuent le culte des encensoirs en argile surmontés d'une statuette à l'effigie d'un dieu de leur mythologie, tel Hachakyum, créateur de leur peuple. Au cours des cérémonies, des offrandes d'encens et de *balché*, la boisson rituelle, sont faites à ces divinités alignées sur un tapis de palme.

DOUBLE PAGE PRÉCÉDENTE
Indien lacandon retirant l'écorce de majagua, utilisée pour l'élaboration de la boisson rituelle.
À GAUCHE
Indien priant sur le Zócalo de Mexico, venu, comme des millions de pélerins, célébrer la Vierge de Guadalupe.
À DROITE
Indienne lacandon façonnant une statuette de terre représentant Hachakyum, leur dieu créateur.

« Vivons-nous vraiment sur la terre ? Et non pour l'éternité
mais pour un temps éphémère ? Nous rêvons,
et rien d'autre. Tout est comme un rêve.
Y a-t-il au demeurant quelque chose d'éternel ?
Et où irons-nous donc, où ? Seul le chant et le parfum des fleurs
nous appartiennent sur cette terre…
Ainsi parlent les poètes aztèques
sous le règne de l'inquiet Moctezuma II. »

Pino Cacucci, *Poussières mexicaines*

À DROITE
Jeunes Indiens lacandons vivant dans les forêts de l'est du Chiapas.

176

Des terres froides, peu accessibles, chiches en cultures : leur dernier refuge. Les Indiens tarahumaras doivent se replier de plus en plus profondément dans la Sierra Madre occidentale, repoussés par les exploitations forestières qui grignotent leur territoire. Ces anciens chasseurs-cueilleurs nomades se sédentarisent. Les plus malins profitent désormais du tourisme pour proposer leurs services comme guide à cheval ou de randonnée. Les femmes tirent aussi de maigres ressources en vendant sur les marchés ou dans les gares de la ligne ferrovière « Chihuahua-Los Mochis » des poupées tressées dans des feuilles de maïs, des paniers en fibres de cactus et des jouets en bois.

À GAUCHE
Indiennes tarahumaras vendant leur artisanat le long de la Barranca del Cobre, grand canyon mexicain, État de Chihuahua.

À DROITE
Indienne maya à Palenque, État du Chiapas.

Cheveux noirs et lisses, peaux sombres et sans âge, regards noirs et graves, plus de dix millions d'Indiens peuplent le Mexique. Parmi eux, les Tarahumaras qui compteraient plus de soixante dix mille individus. Ils vivent dispersés dans les montagnes, regroupés dans des *rancherías* occupées par une dizaine de familles. Des hameaux désolés, aux cahutes rudimentaires en pin ou en pierre, parfois en torchis et toits de palme. Tout autour, des cochons noirs en liberté, des plants de maïs, de haricots, de piments et de courges.

À GAUCHE
Habitation traditionnelle maya dans le Chiapas.
À DROITE
Très jeune Indienne maya avec son bébé, San Cristóbal de Las Casas, État du Chiapas.

Ponchos chamarrés, coutumes pittoresques, artisanat symbolique

collent à l'image des Indiens. Un cliché. Car la réalité choque en révélant, tel un négatif photographique, leur grande misère. Cependant, une lueur d'espoir, pâle mais visible, existe depuis quelques années. Allumée par les associations indigènes qui militent pour le maintien de leurs langues et des cultures locales et par les soulèvements zapatistes en faveur d'une société alternative. Alors les injustices qui les frappent ont éveillé les consciences et leur condition évolue, lentement… Tandis que les clichés ont la vie dure, du cache-sexe en plumes de quetzal du « bon sauvage » christianisable à la cagoule noire médiatique du sous-commandant Marcos.

À GAUCHE
Maison en bois des Tarahumaras, dans la Sierra Madre occidentale, à plus de 2000 m d'altitude.
Maison traditionnelle du Yucatán.
Maison dans le village indien tzotzil de San Juan Chamula, État du Chiapas.
À DROITE
Jour de marché à Cuetzalán, village d'Indiens nahuas de la Sierra Norte de Puebla.
Étal multicolore sur le marché de Guadalajara, État de Jalisco.
Vendeuse de fruits frais, parfois pimentés.
Zapatiste cagoulé du Chiapas.
La vie s'organise autour de la grande place de l'église du village tzotzil de San Juan Chamula, État du Chiapas.
Indienne tarahumara de Creel, situé à plus de 2000 m d'altitude le long de la Barranca del Cobre, État de Chihuahua.
PHOTOGRAPHIES ANCIENNES
À GAUCHE Église à Paso del Norte, au début du XXe siècle. À DROITE Portrait d'un Indien, au début du XXe siècle.

Il y en a partout. Sur le parvis et les marches des églises, sur les trottoirs, sur les placettes. *Huipils* brodés, *sarapes* tissés, *huaraches* en cuir, sacs en fibre végétale, breloques en graines et verroteries envahissent les rues de San Cristóbal de Las Casas. De fabrication industrielle pour la plupart, malgré les démentis véhéments des jeunes Indiennes qui les vendent pour une commission dérisoire, que leur reversent les commerçants de la ville. Les plus authentiques s'admirent et s'achètent dans les coopératives de textiles. Du commerce équitable qui préserve et soutient l'artisanat ethnique. La coopérative San Jolobil de San Cristóbal de Las Casas fait ainsi vivre près d'un millier de tisserandes de vingt communautés mayas.

DOUBLE PAGE PRÉCÉDENTE
Indiennes mayas de différentes ethnies reconnaissables à leurs vêtements. San Cristóbal de Las Casas, État du Chiapas.
À GAUCHE
Marché indien devant le Templo de la Caridad, à San Cristóbal de Las Casas, État du Chiapas.
À DROITE
Enfant maya sur le marché à San Cristóbal de Las Casas, État du Chiapas.

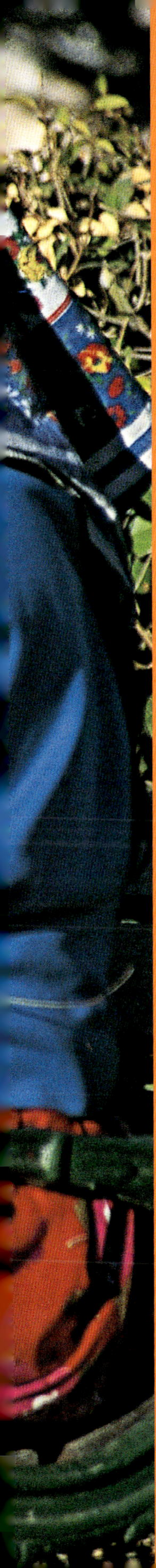

Ils tondent les moutons, cueillent le coton et préparent les bains de teintures. Elles tressent et tissent les fibres. Depuis toujours, mères et filles répètent sur leurs genoux ou leurs métiers en bois les formes et les motifs traditionnels, chatoyants et symboliques de leur communauté. De leurs gestes naissent le *quechquemetl* (petit poncho brodé sans manches), le *rebozo* (châle broché), le *huipil* (blouse sans manches) qu'elles portent sur l'*enredo*, jolie jupe longue d'une seule pièce qu'elles s'enroulent autour de la taille et retiennent par une ceinture de flanelle.

À GAUCHE
Indiennes tarahumaras tressant des paniers qu'elles vendront aux passagers du train allant de Chihuahua à la mer de Cortés.
À DROITE
Détail de tissu maya.

Cochenille et coquillages tombent dans l'oubli.

Ces colorants naturels se voient remplacés par des anilines industrielles. De même, les fibres synthétiques tendent à se substituer à la laine et au coton. Pléthorique et très régional, l'artisanat indien fait penser à un feu d'artifice aux éclats vifs, où se mêlent objets de la vie quotidienne, objets de décoration et objets rituels. Leur fabrication remonte à l'époque méso-américaine mais est souvent marquée d'influences espagnoles, parfois même orientales. La céramique et la poterie constituent toujours un art majeur au sein des communautés indiennes, surtout de l'Oaxaca et du Michoacán.

À GAUCHE
État de paniers tressés par une Indienne tarahumara, État de Chihuahua.
Poteries artisanales.
Vendeur de hamacs ; c'est au Yucatán que l'on a le plus de choix.
À DROITE
Tissus typiques des Indiens tarasques, État du Michoacán.
Indiennes mayas brodant les motifs d'un tissu.
Indienne présentant sa création sur le marché de San Cristóbal de Las Casas, État du Chiapas.
Tapis et couvertures empilés sur un marché du Chiapas.

ESCADORES DE TZIN

190

« L'art des Indiens du Mexique
prend son génie et sa force
dans une vérité intensément locale :
il est lié au sol, au paysage,
aux choses et aux animaux,
aux divinités,
aux couleurs de leur monde. »

Diego Rivera, *My Art, My Life*

À GAUCHE
Détail de tissus d'origine huastèque.
Artisanat quechquemitl.

Une houle blanche tangue, tourne, se meut sous le soleil.

C'est dimanche, jour du marché de Cuetzalán, grand rassemblement d'Indiens nahuas des villages épars de la Sierra Norte de Puebla. Le blanc est leur couleur ; la terre, leur subsistance. Agriculteurs, ils habitent des fermes isolées au milieu des champs de maïs et des plantations de café. Bien souvent les femmes complètent les ressources du foyer par la fabrication et la vente d'articles en cuir et de paniers en osier. D'ailleurs, ce marché dominical est hautement réputé pour les sandales en cuir et les petits ponchos bigarrés.

À GAUCHE
Famille indienne nahua dans l'État de Tlaxcala. Les hommes sont toujours habillés en blanc.
À DROITE
Indienne nahua portant son enfant dans un « panier berceau » tressé.

Feux sacrés

Les yeux mi-clos, les lèvres tremblantes, elles se déplacent lentement sur le parvis chauffé à blanc. À genoux. Parfois enchaînées. Certaines tendent des mains implorantes vers un ciel éclaboussé de lumière. D'autres, courbées, murmurent des litanies en boucle, égrenant de longs chapelets en écaille brune, perles de verre ou ivoire. Un étrange ballet débuté à l'aube de ce grand jour, aussi attendu que craint. « Que se passe-t-il ? » demande perplexe un visiteur étranger. « C'est la religion », lui répond-on...

Un peu plus loin, le visage du *padre* Miguel, si jovial d'ordinaire, n'exprime plus en cet instant que gravité. Il a remisé son étole verte pour endosser la pourpre gansée. Attentif, il orchestre la mise en place des *andas*, ces lourds palanquins de bois noyés sous des gerbes de fleurs multicolores. Ils supporteront les précieuses statues polychromes des saints. Patrons des récoltes, des artisans ou des familles, les figures en céramique vont faire le tour de la *ciudad*. Comme tous les ans. Depuis des siècles.

Peu à peu, la fièvre s'empare des centaines de pénitents des diverses confréries rassemblées sur l'esplanade. Tout autour de celle-ci, des stands d'images pieuses, de crucifix, de médailles et autres articles religieux. Encore déserts, ils seront plus tard pris d'assaut par les fidèles, qui s'y précipiteront pour marquer cette journée si cruciale pour leur foi de souvenirs parfois très kitsch.

Quelques retardataires, essouflés, rallient leur congrégation, reconnaissables aux couleurs de leurs longues robes cérémonielles.

Les cloches de toutes les églises et chapelles ébranlent les murs de la ville coloniale, leur son d'airain rebondissant entre les collines et les vallons qui façonnent la campagne de ce haut plateau central du Mexique.

L'heure approche. De jeunes pèlerins, émus par la mission qui leur est confiée – souvent pour la première fois –, s'alignent de part et d'autre des *andas* qu'ils porteront des heures durant sous un soleil de plomb fondu.

Les mains crispées sur un Christ en Croix, *padre* Miguel prend la tête du cortège. La procession s'ébranle lentement, derrière des thuriféraires imperturbables qui balancent leurs encensoirs argentés à pleine volée, pulvérisant de denses halos âcres.

Des dévots, torse nu, se flagellent dans l'espoir d'obtenir un pardon divin pour leurs péchés. Les plus fervents s'évanouiront. De douleur, de chaleur, de frénésie. D'autres, le visage émacié,

> « Oh ! Mexico s'est mis au service de la maison du dieu,
> La bannière de papier est arborée
> vers les quatre points cardinaux. »
>
> Chant de Tlaloc, légendes mexicaines

s'arriment sur le dos d'épais fagots de cactus. À chacun de leurs pas, les épines entaillent leurs chairs.

Tout le long des rues empierrées tracées à l'ère coloniale, une foule de badauds endimanchés scrute ce flot spectaculaire. Des exclamations de « *Christo, Christo* » fusent. Des têtes se penchent, comme recueillies. Quelques chants montent. Tous veulent toucher les pieds figés de leurs saints protecteurs, ballotés sur les palanquins que les porteurs maintiennent de moins en moins droits. L'épuisement les gagne eux aussi, sans toutefois entamer leur piété.

Quand les derniers rayons du soleil balayent le lanternon des campaniles ocre, *padre* Miguel conduit ses pèlerins vers la grande église. Un fleuron de l'architecture baroque. Une exubérance de sculptures en bas-relief, de niches ornées de végétaux et de coquilles, de motifs taillés dans le calcaire rose. Les unes après les autres, les statues sont replacées sur leurs socles de pierre grise au sein de la profonde nef. Illuminée d'argent, d'or, de bois doré à la feuille, de retables rococo, de colonnes torsadées, de peintures aux couleurs éclatantes et d'un bouillonnement d'ornementations de style churrigueresque. Du pur baroque mexicain.

Devant l'autel en cèdre tarabiscoté, les ouailles du *padre* Miguel se signent, prennent place : la deuxième messe de cette journée pascale peut commencer. Les événements de l'après-midi nourrissent le prêche. Chacun ici se sent fier d'y avoir participé. Et tous savent que ce soir les attend un autre rassemblement. De noir vêtus, hommes, femmes et enfants défileront à l'unisson. Une bougie à la main. En silence. La journée s'achève.

Pas pour le père Miguel. Avec son bedeau et quelques membres éminents des confréries, il prépare l'église. Il faut la parer de nouveaux atours pour célébrer la grande fête du lendemain. Celle dont les enfants rêvent depuis des mois. Celle qui attire paysans et villageois des *pueblos* lointains. Ce jour-là, les ruelles de la ville résonnent de liesse. Les façades des maisons disparaissent derrière des banderoles. Les chars bariolés, corsos fleuris et enguirlandés, vont défiler, accompagnés de *bandas* de musiciens, de danseurs déguisés et masqués. Le saint de la ville, le patron des patrons, est honoré. Des pétards jetés par les *muchachos* enfument les squares en attendant le feu d'artifice prévu ce soir non loin du . Un bal en plein air y sera donné et un barbecue géant dressé pour la communauté. Ce sera le point d'orgue de ces fêtes séculaires.

Sagrado Corazón de Jesús en Ti confío

Quelle ironie, quand même ! Bien que d'origine espagnole, c'est à un Indien de Nouvelle-Espagne que la Vierge de Guadalupe est apparue. Depuis, le peuple mexicain lui voue une adoration sans bornes. Le 12 décembre, jour de sa fête, le pays tout entier lui rend hommage, parfois de façon très spectaculaire. Pèlerinages et dévotions emportent métis et Indiens dans une frénésie religieuse. Partout, des marchands de rue dressent des stands chargés de bondieuseries où l'image de la sainte se reproduit à l'infini sur des T-shirts, des coffrets, des médailles, des gobelets et des calendriers… En 2002, Jean Paul II, impressionné, a canonisé Juan Diego, l'Indien à l'origine de cette ferveur nationale.

DOUBLE PAGE PRÉCÉDENTE
Danseurs aztèques célébrant la Vierge de Guadalupe le 12 décembre, date de son apparition à l'Indien Juan Diego en 1531.

À GAUCHE
Décorée à la feuille d'or, la chapelle du Rosaire possède l'autel le plus rococo du Mexique, église Santo Domingo, État d'Oaxaca.
À l'occasion de la fête des Morts, les Indiens décorent de bougies et de fleurs les tombes, la nuit de la célébration, Tzintzuntzan, État du Michoacán.
Nonne tenant l'image du Christ lors d'un rassemblement dans la basilique de Guadalupe à Mexico DF, État de Mexico.
De nombreuses niches abritent des saints patrons.

À DROITE
Vitrine de Noël dans une boutique de Mexico DF, État de Mexico.

Azulejos et stucs nourrissent le baroque mexicain, parfois jusqu'à saturation. Portail, nef, clochers et transepts, aucun pan des édifices religieux n'échappe à cette exubérance propre au style churrigueresque.
Si leurs façades sont ourlées sur chaque centimètre carré de sculptures et de décorations taillées dans la pierre, il faut se préparer à d'autres surprises une fois franchi le portail. Nefs richement couvertes de feuilles d'or, profusion de statues polychromes, autels en bois dorés à l'or fin… Ça brille à la lueur des cierges, éblouit et impressionne les fidèles. C'était aussi un peu le but recherché.

À GAUCHE
Façade baroque ciselée de stuc rose de l'église Santo Domingo à San Cristóbal de Las Casas, État du Chiapas.
À DROITE
Statue de la Vierge Marie.

La doyenne des Vierges yucatèques va enfin sortir. Pour cette grande occasion, Izamal se pare comme pour une soirée de gala. Cette ravissante coloniale aux maisons jaunes et blanches s'apprête à accueillir en grande pompe la patronne de leur ville, qui est aussi celle du Yucatán. Autant dire que les pèlerins arriveront de toute la péninsule pour lui rendre hommage. Toute la journée et tard dans la nuit, une longue procession parcourra les rues, brandissant haut la statue de la Vierge. Du temps des Mayas, Izamal était déjà un lieu de culte dédié à Itzamná. Quand les Espagnols s'en emparèrent, les moines jugèrent astucieux de séduire les Indiens en maintenant leur culte… mais en le patinant juste un tout petit peu de catholicisme.

À GAUCHE
Médaillon de la Vierge de Guadalupe, sainte du Mexique.
À DROITE
Procession de pèlerins portant une statue de la Vierge d'Izamal, État du Yucatán.

E HIJOS A LA VIRGEN
SEÑORAS
Y SEÑORITAS
dE
DE LA INMACULADA CONCEPCION
CARIDAD

Santa Prisca, la flamboyante église de Taxco, doit sa construction à la découverte par un colon des plus grandes mines d'argent de la Nouvelle-Espagne. Elle représente un des joyaux du baroque mexicain. Tout en pierre rose, avec une façade exubérante chargée d'angelots, de sculptures de coquillages et de motifs végétaux, elle est flanquée de tours ciselées et surmontée d'une coupole en *azulejos* bleu et jaune. Au moment des processions pascales, Santa Prisca devient un grand point de ralliement pour les pèlerins venus des quatre coins du Mexique.

À GAUCHE
Lampions de fête devant l'église Santa Prisca, une des plus belles églises baroques du Mexique, Taxco, État de Guerrero.
À DROITE
Femme se recueillant pendant le passage d'une procession de la semaine sainte, San Miguel de Allende, État de Guanajuato.

Les églises poussent sur les pyramides, puisque le Christ en Croix a renversé les divinités amérindiennes. Voici l'histoire de la conquête espagnole, soucieuse d'éradiquer toute trace indigène et de détourner les « sauvages » de leur panthéon païen. Ainsi, sur la pyramide de Cholula, dédiée au dieu du Vent, de l'Étoile du soir et du matin, trône, solitaire, l'église Nuestra Señora de los Remedios. À Mitla, l'histoire se répète puisque l'église San Pablo fut élevée sur un centre cérémoniel mixtèque. Piètre revanche sur l'histoire : aujourd'hui, des cars entiers de touristes se rendent à Mitla, non pour visiter l'église coloniale mais pour admirer les frises géométriques uniques au Mexique qui ornent le patio des Grecques de la cité mixtèque.

À GAUCHE
Église de Tlacolula dans les environs d'Oaxaca.
À DROITE
Marché artisanal et église coloniale sur le site préhispanique de Mitla, environs d'Oaxaca, État d'Oaxaca.

HUEVOS
El Calvario
El Calvario
FOCA

« Les dieux ne manquent pas
de prouver aux hommes leur gratitude
pour le culte qui leur est rendu.
Ils les dirigent de mille façons
dont l'une des plus communes est le rêve.
Les anciens Purepecha
ou Tarasques du Mexique occidental
en reçoivent
leur mission terrestre. »

Benjamin Peret, *Anthologie des mythes, légendes et contes populaires d'Amérique*

À GAUCHE
Église San Ignacio sur les hauteurs de la Sierra Tarahumara, État de Chihuahua.

Entrer dans sa pénombre aveugle. Quand on franchit le seuil de l'église éclaboussée de soleil, quelques clignements d'yeux, puis la nudité fraîche de la petite chapelle se dessine. Dans un silence intimidant, quelques fidèles se recueillent devant la statue d'un saint ou du Christ écartelé sur une sobre croix de bois blanc. D'autres allument des cierges en offrande. Rien de bien surprenant au Mexique, un des plus grands pays catholiques. La religion fait tellement partie du quotidien des Mexicains que des petits autels familiaux se dressent dans les foyers et que, dans les rues de la plupart des villes, des saints veillent sur les passants du haut de leurs niches.

À GAUCHE
Homme priant devant l'église de la Palma, dans le quartier de la Merced à Mexico DF, État de Mexico.
À DROITE
Un sanctuaire dédié à Nuestra Senora de Guadalupe devant une petite maison d'un des quartiers les plus pauvres de Mexico DF, État de Mexico.

Le sacré s'épanouit. Pas forcément dans les cœurs, mais dans les architectures qui se profilent avec l'arrivée des Espagnols. Si au début de l'ère coloniale les constructions se faisaient massives et un brin austères, elles s'enrichirent les siècles suivants d'ornementations très expressives pour que les textes sacrés soient compris des indigènes. Il fallait aussi en imposer, montrer que le catholicisme était désormais la seule et unique religion autorisée. Dans quelques régions indiennes du Mexique, on aperçoit encore dans les campagnes des chapelles ouvertes, bâtics sur trois murs. C'était pour accueillir les Indiens qui refusaient, par peur souvent, d'entrer dans les lieux de culte fermés.

À GAUCHE
Ornements du XVIIIe siècle ; murs et plafonds faits de dorures et sculptures polychromes en relief, église Santo Domingo, Oaxaca, État d'Oaxaca..
À DROITE
Détail architectural de la petite cathédrale d'Acapulco, État de Guerroro. Détail de faïences dans l'art poblano des façades de Puebla, État de Puebla. Clocher d'une des nombreuses églises d'Oaxaca, État d'Oaxaca. Détail architectural de la petite cathédrale d'Acapulco, État de Guerroro. Détail de l'église du XVIe siècle à Tlacochahuaya, État d'Oaxaca. Clocher plat de l'église du village maya San Juan Chamula, État du Chiapas. Détail de faïences et briques de style baroque, typique de l'art poblano de Puebla, État de Puebla.
PHOTOGRAPHIES ANCIENNES
À GAUCHE Place de village dans la vallée de Mexico. À DROITE Mexicaines, début du XXe siècle.

SAN JUAN
BAUTISTA

Sur la place mi-pierreuse mi-terreuse, trois croix vertes élancées, symboles de l'arbre de vie, peignent leurs ombres sur l'église blanche incrustée de mosaïques vert et bleu. Pour les Mayas, le Christ serait devenu le soleil en s'élevant de la Croix. Quand ils déposent leurs offrandes au pied des trois croix ou qu'ils défilent dans les processions en l'honneur de quelque saint catholique, les Indiens prient encore leurs dieux et déesses des arbres, des lacs, des rivières, des animaux… Malgré toutes les tentatives d'évangélisation dont ils font l'objet aujourd'hui, comme hier leurs ancêtres.

À GAUCHE
Dômes de l'église Santo Domingo vus depuis la rue colorée Cinco de Mayo, Oaxaca, État d'Oaxaca.

À DROITE
Façade dont l'architecture reprend les couleurs des tissus *huipils*. Cathédrale située sur le *zócalo* de San Cristobál de Las Casas, État du Chiapas.

L'ambiance est unique, l'émotion palpable quand on entre dans l'église d'un village maya. Aucun banc mais un sol jonché d'aiguilles de pin, des milliers de bougies et de bâtonnets d'encens allumés et des centaines de statues et d'images de saints baroques. Dans cette atmosphère alourdie de fumées âcres et odorantes, des *Indios* agenouillés psalmodient des prières incantatoires. Accrochés à leur cou, des miroirs censés refléter leur âme. On assiste là à quelque rituel qui pousse le syncrétisme religieux à son paroxysme. Ici, rites catholiques importés par les jésuites se confondent avec la mythologie des Mayas, qui vivent en totale symbiose avec la terre et le cosmos.

À GAUCHE
Rite maya qui consiste à brûler des cigares, des bougies et des œufs. Si les œufs éclatent à l'extérieur du cercle, cela prédit la richesse ; à l'intérieur, c'est un mauvais présage. Des centaines de bougies se consument dans les église.

À DROITE
Jeune Indien allumant des bougies, État du Chiapas.

De sierras en déserts

Un vent froid cingle le quai encore drapé de nuit, se mêlant au brouhaha grandissant des voyageurs fébriles. Des familles, encombrées de sacs et de valises, de fiers *vaqueros* ceinturés et coiffés de leurs indévissables chapeaux tressés, des Indiens burinés emmitouflés dans d'épais ponchos de laine écrue. Tous se pressent pour embarquer dans ce train coloré, promesse d'un voyage insolite vers les rivages azurés de l'océan.

Aux coups de sifflet, les myriades de vendeurs de *chicles* mentholés, de pastèques gonflées et de mangues juteuses sautent du train en catastrophe alors que l'encre du ciel se dilue sous les premières lueurs de l'aube. Dans les compartiments striés de banquettes en bois – ou un peu plus rembourrées dans les voitures plus coûteuses –, la vie s'organise dans un frénétique remue-ménage de paniers, de filets débordant de provisions et de couvertures. Pour la famille Alvaro, ce voyage durera trois jours. Ils le préparent depuis quatre mois. Qu'emporter, à quelles étapes descendre pour visiter du pays, n'est-ce pas trop fatigant pour Joselito, le petit dernier ? Maria tente de calmer ses *niños* surexcités par cette aventure extraordinaire : leur premier train, leurs premières vacances « à l'océan ». Pablo, son époux, relit pour la énième fois le dépliant remis par l'agence : « Vous longez le plus grand canyon du monde ; étape 1, vous découvrez des *pueblos* indiens réputés pour leurs poteries ; étape 2, vous vous reposez dans une vraie petite ville de western ; étape 3, vous nagez dans l'océan… »

De l'autre côté du couloir, une conversation animée s'engage entre trois cow-boys. Ils ont tombé la veste, pas leur chapeau. À les entendre, Pablo devine que leur voyage ne dépassera pas l'étape 2. Ils se rendent à une *charreada*, sport national par excellence où s'affrontent les meilleurs cavaliers dans des épreuves de maîtrise et de piégeage au lasso des taurillons.

La nuit envahit soudain le compartiment. Le train s'engage dans un tunnel, le premier d'une « longue série qui en totalise presque cent », indique le fascicule touristique de Pablo. Des heures plus tard et une trentaine de tunnels franchis, des passagers poussent des cris d'exclamation. « *Mira* ! *mira* ! », regardez… Délaissant leur casse-croûte ou leur partie de cartes, ils tournent alors leur visage vers les larges fenêtres par lesquelles s'engouffre un paysage à couper le souffle. Se déroule de part et d'autre du convoi, bravement lancé sur un pont métallique qui paraît minuscule, une Sierra Madre aux pigments ocre, aux flancs boisés, mouchetée de lacs indigo et creusée de précipices. Si vertigineux que par réflexe des passagers se signent ou embrassent

> **Un éther lumineux où les choses s'avancent en un relief individuel.**
>
> Alfonso Reyes

leur médaille de baptême. Voire les deux à la fois, pour les plus superstitieux… Presque tous, en fait.

À bord, les Indiens peu bavards se lèvent et empaquettent leurs affaires. Pablo en déduit que l'étape 1 approche… Bizarre, tellement est vive l'impression de flotter au milieu de nulle part. Mais soudain, en effet, le train émet un cri strident, amorce une longue courbe puis ralentit et se fige dans une petite gare. Envahie d'Indiennes coiffées de longues tresses noires, vêtues de robes et de châles aux couleurs toniques. Dans leurs mains ou à leurs pieds, des vanneries et des poteries. Des gamins pieds nus, illuminés de sourires francs auxquels il manque quelques dents de lait, essaient d'écouler leur stock de *tamales* et de fruits. Les Alvaro profitent de la longue halte pour se dégourdir les jambes, pour aller se rafraîchir et, bien sûr, acheter quelques souvenirs, comme ce joli attrape-cœur en lanières de tissu vert et rouge et perles de plastique. Menés par des guides indiens tarahumaras, ils découvrent pendant deux heures les plus beaux sites des environs, notamment les fracassantes cascades avec leurs piscines naturelles dans lesquelles les enfants peuvent barboter sans risque.

Puis le train repart, reprend encore un peu d'altitude avant d'amorcer sa longue course descendante vers l'océan. Le sommeil saisit les voyageurs, le compartiment se fait plus silencieux. La nuit tombe vite sous cette latitude. Le jour les surprend au milieu de vastes plaines herbeuses piquetées de superbes cactus candélabres. Par milliers, des vaches grasses aux longues cornes effilées envahissent le décor. De loin en loin surgissent des ranchs blanchis de chaux et, à perte de vue, des corrals. Le pays de l'élevage, donc des *vaqueros*. Pablo annonce aux siens que l'étape cow-boys se profile. Les cavaliers du wagon redressent leurs chapeaux qu'ils n'auront jamais ôtés, réunissent leurs sacoches de cuir. Ils vont passer trois nuits dans un petit hôtel-saloon, à proximité des arènes où se dérouleront les courses. Les Alvaro vont une fois de plus se balader et visiter les environs de la petite ville, le train ne repartant qu'au crépuscule. Quand ils réembarquent, ils ne sont plus très nombreux dans leur compartiment. La nuit s'annonce confortable. C'est inespéré. Au petit matin, bien trop tôt pour son père, les cris de joie de Pablo junior réveillent tout le monde. Le nez écrasé sur la vitre, il regarde, ravi, l'océan. Il a six ans, c'est la première fois qu'il voit cette mer « plus grande que la piscine de la ville », comme il dit. Ses parents, une fois de plus, rangent sacs et valises. L'étape 3, c'est le début des vacances sur un éclatant littoral émaillé de criques sableuses frangées de palmiers ébouriffés.

Pelées, crevassées, déchiquetées, les Sierras San Pedro

Martír et de La Giganta sabrent le désert. Une épine dorsale violacée qui pointe ses crêtes au-dessus de la longue péninsule de Basse-Californie surnommée « Baja ». Un paysage jaune, vert et blanc hérissé de cactus cierges, « sauteurs », cardons et candélabres ou saguaros, formant une étrange armada de lanciers et de géants désarticulés, caparaçonnés d'aiguilles et de flèches. Paysage qui s'adoucit une fois l'an à la saison des fleurs, quand s'abattent les *chubascos*, violents orages tropicaux. Agaves, figuiers de Barbarie, « lomboys » à sève curative et acacias offrent alors aux petits animaux leur ombre éphémère.

DOUBLE PAGE PRÉCÉDENTE
Cavalier dans une des nombreuses rivières qui coulent dans l'État de Jalisco.

À GAUCHE
Iguane veillant sur le passé dans le site de Tulúm, État du Yucatán.

À DROITE
Longue de plus de 1 000 km, la péninsule aride de Basse-Californie dont les cactus se jettent dans la mer recèle des trésors de beauté.

Pourpres, grenat, blanches, safran, bleues, fuchsia, tango, mauves… Les fleurs en bouquets, grappes, hélice ou solitaires colorent les vallées, les montagnes, les forêts et les déserts. Jaguars noctambules et mygales tapies, singes hurleurs et crotales à grelots, iguanes à crête et ocelots véloces, perroquets chatoyants et papillons multicolores, colibris butineurs et urubus charognards, boas constrictors et alligators carnivores rampent, courent, volent sur le sol mexicain.
Le pays répertorie plus de quatre cent cinquante espèces de mammifères et plus de mille cent espèces d'oiseaux. Un grand nombre d'animaux et de végétaux rencontrés au Mexique n'existent nulle part ailleurs.

À GAUCHE
Figuier de Barbarie.
La jungle et ses chants d'oiseau, État du Chiapas.
Pin de la Sierra Tarahumara, à plus de 2000 m d'altitude.
Héliconia du Chiapas.
Représentation du Jaguar, animal mythique des Amérindiens mayas et olmèques.
Coati.
Jaracandas jaunes pour illuminer les rues des villes.
Cactus saguaro pouvant atteindre une dizaine de mètres, État de Basse-Californie.
À DROITE
Vallée agricole et semi-désertique dans la région d'Oaxaca, État d'Oaxaca.
Serpent à sonnette guettant sa proie.
Lever de soleil sur la jungle yucathèque.
PHOTOGRAPHIES ANCIENNES
À GAUCHE Fermette et cocotier sur la côte pacifique. À DROITE Sommet enneigé et fumant du volcan Popocatépetl, qui domine la ville de Mexico.

« Vous ne savez donc pas
qu'avec les coquillages du Mexique
nous pourrions recouvrir le lit
de tous les lacs d'Europe. [...] Qu'avec l'acajou et le cèdre,
l'ébène et le bois de Campeche du Mexique
nous pourrions remplacer toutes les traverses
de l'Orient-Express ? Qu'avec son or nous pourrions recouvrir
la statue de la Liberté, avec l'écaille de ses tortues
garnir la cathédrale Notre-Dame de Paris, avec la peau de ses daims
revêtir les pyramides d'Égypte ?...
Qu'avec les étoiles du Mexique
nous pourrions remplir les cieux d'Europe,
avec les pétales de ses orchidées tapisser les Champs-Élysées,
avec les ailes de ses papillons chamarrer les Alpes ? »

Fernando del Paso, *Des nouvelles de l'Empire*

À GAUCHE
Envol de papillons monarques, qui migrent par milliers, tous les hivers, dans l'État du Michoacán.

Grosse cabosse verdâtre puis couleur paille, oblongue et lisse, elle pendouille, arrimée aux épaisses branches de son arbre frêle, le cacaoyer. Tombée, elle se déssèche, se ratatine et vire au brun-rouge. Sa fève au goût amer subira maintes transformations pour finir en tablettes, carrés, mignardises ou breuvages. Le cacao, monnaie d'échange des Indiens avant la conquête espagnole, abonde particulièrement dans la région d'Oaxaca. Cet or « chocolat » n'est exploité que par de grandes haciendas agricoles privées.

À GAUCHE
Séchage de noix de coco au soleil. D'immenses cocoteraies jalonnent, telles des oasis, la côte pacifique.
À DROITE
Fèves de cacao.

Jalisco, Michoacán, Tamaulipas, Guanajuato et Nayarit, cinq États mexicains réputés pour leur or végétal : l'agave bleu. Celui que l'homme exploite depuis des millénaires pour fabriquer une boisson puissante : l'aguamiel, chez les Aztèques ; la tequila, aujourd'hui. Des champs bleutés et vert-de-gris, océans de feuilles hirsutes, drues et effilées, se déroulent sans fin sur les pentes de terre rouge et aride de ces contrées surélevées. L'agave bleu, assoiffé d'eau, ne s'épanouit bien que vers 2 000 m d'altitude, sur les façades des monts et contreforts de la Sierra Madre, très irriguées par les pluies et les cours d'eau.

À GAUCHE
Variété d'agave utilisée pour le sisal et la fabrication de chapeaux, notamment le panama, État du Yucatán.
À DROITE
Homme au travail dans un champ d'agaves. Il aspire le jus de la plante.

« … Elle tressaille la fleur,
c'est la fleur de cacao, la mère des dieux
Allez dans la région des agaves sauvages
pour que vous érigiez
une maison de cactus et d'agaves […].
Jaune l'aigle, jaune le jaguar, jaune le serpent,
jaune le lapin et jaune le cerf.
Vous iriez vers le cap […],
Bleu l'aigle, bleu le jaguar, bleu le serpent,
bleu le lapin et bleu le cerf […]
Et ensuite vous iriez
vers la région des semailles arrosées… »

Nezahualcoyotl, poète-roi aztèque (1402-1472)

À DROITE
Paysage aride parsemé d'agaves.

Rochers baroques modelés par l'érosion, gorges violettes, falaises fauves, parois rose orangé, grottes olivâtres parfois ornées de peintures rupestres blanches ou cramoisies, lac bleu marine… la vallée des Moines se découvre à cheval. Une escapade que proposent des guides indiens tarahumaras. À quelques encablures de Creel, le parc écotouristique d'Arareco englobe de sombres forêts de pins et de chênes verts, des sources chaudes jaillissantes et des cascades fraîches. La balade traverse parfois le hameau indien de San Ignacio, assoupi autour de son ancienne mission.

À GAUCHE
Lentement, tirée par les bœufs, la charrette s'ébranle, permettant au fermier d'acheminer sa cargaison.
À DROITE
Sierra Tarahumara. Des hivers rigoureux à plus de 2 000 m d'altitude.

LONCHERIA
LUPITA

Trop dangereuse dès la nuit tombée à cause des vaches errantes, des cratères, des déluges soudains, des monstres de fer sans feux arrière, elle se parcourt donc dès l'aurore, la route Mex 1 ou Carretera Transpeninsular. Long ruban asphalté qui rattache Tijuana, la sulfureuse, à Cabo San Lucas, la touristique. Vaste toile d'araignée sableuse, pierreuse ou goudronnée, le réseau routier mexicain sillonne sa trentaine d'États, ses déserts, ses hauts plateaux, ses vallées, ses côtes et ses plaines. Le bus, très populaire, reste le meilleur moyen de voyager dans ce pays et d'y rencontrer, au gré des villes-étapes, de nouveaux visages et de nouveaux paysages.

À GAUCHE
Une seule route, la N° 1, traverse du nord au sud les déserts de Basse-Californie. Arrêt du bus pour se rafraîchir.
À DROITE
Colorin, fleur du désert.

Époustouflant de verticalité, le site n'a d'égal pour son ampleur que les travaux qui permirent à l'homme de l'apprivoiser. 655 km de voies, trente-neuf ponts, quatre-vingt-six tunnels et plusieurs dizaines d'années pour venir à bout de la montagne, afin que ce train légendaire, le « Chepe », qui relie Chihuahua au Pacifique, puisse pourfendre la majestueuse Sierra Madre occidentale – surnommée ici Sierra Tarahumara – peuplée de ces Indiens chers à Antonin Artaud. Un écrin minéral pour la Barranca del Cobre, ou canyon du Cuivre. Une merveille géologique qui offre un spectacle éblouissant de roches pigmentées et de précipices plongeant vers une rivière encaissée.

À GAUCHE
Indiens sur le quai de la gare de Creel dans la Sierra Tarahumara.
Reconnaissable de loin, le bus des écoliers.
Enfants tarahumaras vendant leur artisanat lors du passage du train.
À DROITE
Long périple du train allant de Chihuahua à la mer de Cortés.

ANTE · BAR
MPANA
244
PORTAL DE RAYON
'EL PO
ABARR
VINOS Y CARNES
RICAS CARNITAS.
EL
CHITA.

Frêles étals en bord de route, échoppes surchargées dans les hameaux, comptoirs solitaires du désert ponctuent le décor mexicain. Des points de ralliement précieux pour les populations indiennes éparpillées et isolées dans des zones reculées. Certains marchent des heures pour y acheter produits et denrées, surtout la farine de maïs indispensable à la fabrication des *tortillas*. Des haltes de bon augure aussi pour les passagers ankylosés des autobus, les auto-stoppeurs poussiéreux, les voyageurs éreintés par des trajets parfois monotones, souvent cahotiques, toujours interminables dans ce pays gigantesque.

À GAUCHE
Rue de Patzcuaro, État du Michoacán.
À DROITE
Fillette mexicaine avec sa blouse brodée lors de la célébration de Cinco de Mayo.

L'ART DE LA FÊTE

Les pluies diluviennes ont cessé. Depuis quelques semaines, les couleurs ardentes des *cempoalxochitl* ravivent les champs qui revêtent les tons jaune et orange de ces fleurs automnales, les œillets d'Inde. Dans les villages indiens du Mexique méridional, hommes et femmes comprennent qu'il est temps de tout préparer. Pour accueillir les morts.

Dans un coin de la pièce principale de sa maison en adobe, Xochi, vieux purépecha de Janitzio, dresse un petit autel. Il veut que tout soit prêt pour le retour de son épouse, disparue voici plus de dix ans maintenant. Sa photographie jaunie, racornie d'avoir été tournée et retournée, est posée à côté d'une chandelle qu'il maintiendra allumée jusqu'à la célébration de *Todos Santos*. Avec ses cinq fils, il se rend au cimetière derrière les collines pour nettoyer l'autel familial et le rendre digne des morts qui leur rendront visite à la *Noche de Muertos*. La grande nuit ! Celle où il retrouve chaque année amis et parents disparus.

Pour faire la fête.

À des centaines de kilomètres de son village, les vitrines des magasins de Mexico et des grandes villes de la République rivalisent d'imagination en exposant d'incroyables œuvres. Squelettes déguisés de manière burlesque, stèles en chocolat, cercueils en pâte d'amande ou pain de maïs, sucreries roses, jaunes et bleues en forme de crâne que les enfants grignotent avec ravissement.

En cette fin d'octobre, tout le Mexique transpire d'allégresse. Humour et facéties bousculent les larmes de la tragédie. Drôle d'ambiance quand même pour célébrer les morts. Mais c'est déjà ainsi que les ancêtres de Xochi communiaient avec les trépassés. Bien avant l'arrivée des missionnaires espagnols.

Dans le calendrier mexicain, la fête des Morts occupe une place majeure. De tradition indienne, elle s'est fondue dans les pratiques chrétiennes. Un synchrétisme parfait qui révèle l'âme mexicaine dont les racines puisent dans les temps préhispaniques. C'est donc tout le peuple mexicain qui, dans la nuit du 1er au 2 novembre, se lance dans une joyeuse *fiesta* mi-païenne, mi-chrétienne, une sarabande où les vivants dansent parmi les morts ; où les morts font danser les vivants. Puis tous se retrouvent ensemble autour d'agapes abondantes et raffinées, point culminant de ces retrouvailles déroutantes.

Dans le cimetière, Xochi salue des amis venus comme lui disposer les cierges, déposer des photographies et fleurir les tombes. Complètement ensevelies sous les vifs bouquets d'œillets d'Inde. Des jeunes femmes bavardent et rient en semant des pétales dans certaines allées. Celles que les morts

> « Ainsi se répandent les fleurs de maïs grillé
> et les fleurs de cacao, qui tombent en pluie,
> au son des tambours. »
>
> Nezahualcoyotl

empruntront cette nuit. Un magnifique chemin safrané pour honorer les visiteurs de l'autre monde.

À la maison, les brus de Xochi s'activent autour de la vieille table en bois et du four à pain. L'une pétrit la *masa*, la pâte de maïs, qu'elle mélangera tout à l'heure avec du lait, de la cannelle et un peu de cacao et qui sera bu chaud. L'*atole* était la boisson favorite de sa belle-mère disparue. Une autre enveloppe les *tamales* de cabri dans des feuilles d'épi de maïs, avant de les cuire à la vapeur. Une troisième pane des poissons du lac qu'elle fera frire avec du piment.

L'humeur est légère. Mais il ne faudrait pas rater les plats concoctés au risque de subir, les prochains mois, de lourds « châtiments » infligés par des morts mécontents ou pas assez repus. Même dans les foyers les plus humbles, le repas de la fête des Morts doit être exceptionnel. Le seul festin de l'année pour beaucoup…

Il fait nuit, les cloches sonnent le glas. C'est l'heure des retrouvailles. Les morts sont conviés à la célébration. Partout dans le pays, les familles convergent vers les cimetières, chargées de leurs offrandes : cannettes de Coca-Cola ou de bière, papayes, mangues, poupée, dé à coudre, cigarettes, pipe… Tout ce qui faisait plaisir à leurs morts durant leur vie terrestre. Xochi et les siens s'installent autour de la tombe de la défunte, déposent les plats encore chauds et allument les cierges. Tout le cimetière vibre de la lumière tremblotante des bougies. Le silence à ce moment est total. Solennel et émouvant. Quelques chants religieux accompagnent le recueillement… Puis des centaines de torches sont jetées dans le lac. Les eaux s'embrasent. La fête peut commencer. On savoure et on partage les victuailles avec les amis la famille, on parle aux morts, on rigole avec eux aussi, on leur rappelle surtout certaines frasques de jeunesse… Tout cela autour des tombes.

À des centaines de kilomètres de là, le Zócalo de Mexico, rempli de monde, prend les allures d'un cimetière très singulier. Une cacophonie de musiques variées perce les tympans, des autels délirants et créatifs sont érigés partout, des stands présentent pâtisseries et confiseries « mortellement » artistiques… Une ambiance totalement carnavalesque.

Plus traditionnelle, la célébration chez Xochi fut, cette année encore, réussie. Il sent au fond de son cœur que sa femme, ses parents et son grand-oncle s'en sont retournés heureux…

Des doubles croix étranges s'élèvent au-dessus de ses clochers. Des *cruz de caravaca* censées protéger San Miguel de Allende contre la sorcellerie noire. Il paraît que de mauvais esprits s'y baladent par ennui. Sauf le jour de la *Alborada*, qui célèbre le patron de la ville. Un temps fort pour la population, métis et indienne, qui toute la nuit danse sur le parvis de la Parroquia San Miguel Arcángel à la lueur des feux d'artifice. La grande fête de la Révolution de 1910 est plus martiale. On organise alors le défilé des corps de métiers sur le Zócalo de Mexico. Les participants sont les enfants, déguisés en « redoutables » révolutionnaires.

DOUBLE PAGE PRÉCÉDENTE
Enfant célébrant la fête nationale.
À GAUCHE
Enfants en costumes traditionnels lors de la parade de la Révolution mexicaine.
À DROITE
La *Alborada*, célébration en l'honneur de l'archange San Miguel, saint patron de San Miguel de Allende.

POSADA
DE
SAN FRANCIS

« Au cours de ces cérémonies – nationales,
locales, professionnelles ou familiales –
le Mexicain s'ouvre à l'extérieur.
Elles lui donnent toutes l'occasion de se révéler
et de dialoguer avec la divinité, la patrie, les amis ou les parents.
Durant ces jours-là, le silencieux Mexicain siffle, crie, chante,
allume des pétards, décharge son pistolet en l'air.
Décharge son âme. Et son cri,
telles ces fusées qui nous plaisent tant,
monte jusqu'au ciel, s'étoile en une explosion verte,
bleue, blanche et retombe,
vertigineuse traîne d'étincelles dorées. »

Octavio Paz, *Le Labyrinthe de la solitude*

À DROITE
Parade musicale à Guelaguetza,
État d'Oaxaca.

Bras écartés, les hommes-oiseaux plongent dans le vide

et descendent, lentement, décrivant de larges cercles autour d'un mât. La danse des *voladores* serait associée à Xipe-Totec, le dieu du Printemps des anciens Toltèques. C'est aujourd'hui un spectacle étonnant au paganisme édulcoré. Le mât ou *palo volador*, haut de 15 mètres, symbolise les trois règnes du monde : la racine pour l'inframonde, le tronc pour le monde terrestre et la cime pour le ciel. Quatre à six danseurs forment une ronde autour du pilier et tournent dans le sens inverse des aiguilles d'une montre au rythme hypnotique de la flûte et du tambourin. Aux poussins, tabac et eaux-de-vie jadis déposés en offrande au pied du mât se sont substitués les billets et les photographies de touristes ravis.

À GAUCHE ET À DROITE
Les *voladores* effectuent leur rituel au rythme de la flûte et du tambour.

Leurs couleurs de confettis flottent dans le vent. À chaque fête, des guirlandes de *picados* sont tendues dans les rues, créant de frêles dais de papier ajouré. Les stands aussi se mettent au diapason, croûlant sous les objets indispensables aux célébrations municipales, régionales ou nationales. Maracas en bois aux couleurs flashy, colliers de fleurs en papier kitschissimes, sans oublier les précieuses *piñatas* que les enfants mexicains adorent. Yeux bandés, ils feront exploser ces objets de papier en forme de grosses étoiles ou de quadrupèdes pour faire dégringoler les bonbons enfermés à l'intérieur. La nuit tombée, familles et amis se retrouvent au *zócalo* pour le grand bal populaire et les spectacles de danses folkloriques.

À GAUCHE
Détail de costume d'un guerrier maya.
Statuettes de danseurs portant des masques.
Fleurs et haricots en vente sur un marché du Chiapas.
Artisanat coloré de Noël.
La *piñata* a explosé, les bonbons se sont déversés, la fillette parade.
Étal de maracas peintes à la main.
Papel picado décorant une rue.

À DROITE
Danseurs traditionnels de Veracruz.
Danseurs yucatèques, tout de blanc vêtus, Mérida, État du Yucatán.
Danses populaires de l'État de Jalisco.

PHOTOGRAPHIE ANCIENNE
Groupe de *mariachis*.

18 heures : les plus grandes arènes du monde battent le rappel. Pas en Andalousie, non. À Mexico. Dans un pays qui, avant leur introduction par les colons espagnols, n'avait jamais vu la queue d'un cheval ou la corne d'un taureau. Non seulement la corrida a largement trouvé ses adeptes au Mexique, mais le pays en a fait un sport national. Au même titre que les *charreadas*, les fameux rodéos mexicains au cours desquels les concurrents démontrent leur adresse de cavalier et leur maîtrise du lasso. Ces festivités « renversantes » débutent elles aussi par des parades costumées qui défilent au son des cymbales et des trompettes. Les *mariachis* joueront plus tard, pendant les intermèdes.

À GAUCHE
Des corridas sont organisées dans les arènes de plusieurs villes du pays.
À DROITE
Danseurs yucatèques dans les rues de Mérida, État du Yucatán.

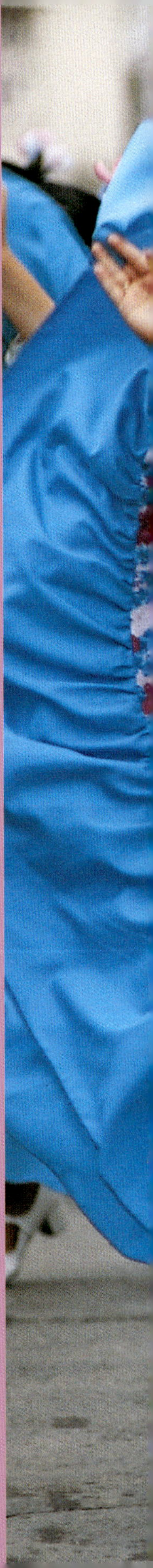

« Au son des rythmes tropicaux
Si vous avez un jour la veine
De pouvoir prendre le bateau
Allez goûter une semaine
À l'aventure mexicaine
Au soleil de Mexico ».

Luis Mariano, *Mexico*

À GAUCHE
Musiciens de rue, toujours à l'ombre !

Diana
Carmela
Salvador

Les orbites vides, horrible malgré son boa en plumes fuchsia et sa capeline fleurie, elle grimace de toutes ses dents. Les passants la regardent, éclatent de rire et poursuivent leur chemin sans cesser de grignoter un petit crâne bleu en sucre. Le culte des morts, plus que toute autre célébration, met en lumière l'âme mexicaine. Hantée par les supplices de leurs ancêtres, indiens ou espagnols, mais également habitée par une inextinguible soif de jouir de la vie, ici et maintenant. Les fêtes de *Todos Santos* et de la *Noche de Muertos* ont donc ceci de particulier au Mexique qu'elles ne sont pas tristes. Au contraire, elles célèbrent la vie avec humour et créativité, partout, dans les foyers et les confiseries.

À GAUCHE
Bonbons traditionnels en forme de crâne et décorations confectionnées pour la fête des Morts.

À DROITE
La Catrina est un personnage typique de la culture mexicaine dont les origines remontent aux fêtes des morts précolombiennes.

Les pétards claquent, les cloches sonnent à toute volée. Au fur et à mesure que les heures s'égrènent, les carillons s'espacent jusqu'à ce que, à la nuit tombée, résonne le glas lugubre. C'est le signal. Les villageois se rassemblent devant les tombes fleuries de leurs défunts. Ils y déposent bonbons, serviettes brodées, pain et fruits, puis allument les bougies et prient jusqu'au petit jour. Ici, dans ce village tarasque, on dit que durant la nuit des Morts sortent les ombres de Mintzita, fille de roi, et d'Itzihuapa, un jeune prince. Ils allaient se marier quand les conquistadors les massacrèrent. Doucement, dans la nuit du 1er novembre, leurs spectres se retrouvent pour une nuit d'amour…

À GAUCHE
Femmes vêtues de costumes brodés, Oaxaca, État d'Oaxaca.

À DROITE
Il a veillé toute la nuit sur les tombes décorées pour célébrer la fête des Morts.

DOUBLE PAGE SUIVANTE
Indiens lacandons sur la lagune de Naha.

Remerciements

L'auteur remercie Pépita Gayet, pour son aide et ses traductions et surtout, pour lui avoir fait découvrir le Mexique, et Valérie, pour sa patience.
L'éditeur remercie M. Patrice Laure, de l'Office de tourisme du gouvernement mexicain (4, rue Notre-Dame-des-Victoires, 75002 Paris) et la boutique Al Sol de Mexico (18, rue Charlot, 75003 Paris), qui lui ont prêté certains des objets et des documents figurant dans ce livre.

Bibliographie

PAGE 18 Carlos Monsiváis, *Frida Kahlo : Una vida, una obra*, Mexico, 1992.
PAGE 42 Extrait du « Codex Boturini, L'Origine des Aztèques Mexica », in *Les Techniciens du sacré*, anthologie de Jérôme Rothenberg, version française établie par Yves di Manno, éd. José Corti.
PAGE 55 Alain Gerber, *Le Jade et l'Obsidienne*, Robert Laffont, 1981.
PAGE 73 Ramon Lopez Velarde, *La Patria de Velarde*, *in Poesia en movimiento*, anthologie de Carlos Fuentes, Siglo XXI, Mexico, 1915-1966.
PAGE 78 D. H. Lawrence, *Matinées mexicaines*, Stock, 1935.
PAGE 100 Rubén Gallo, *Chroniques littéraires d'une mégalopole baroque*, Autrement, 2007.
PAGE 122 Carlos Fuentes, *La Plus Limpide Région*, Gallimard, 1982, « Folio ».
PAGE 149 Chanson mexicaine traditionnelle de José Pepe Guizar Morfin.
PAGE 158 Nezahualcoyotl, poète-roi aztèque.
PAGE 174 Pino Cacucci, *Poussières mexicaines*, traduit de l'italien par Alain Sarrabayrouse, Payot-Rivages, Paris, 2001, « Petite Bibliothèque Payot ».
PAGE 191 Diego Rivera, *My Art, My Life*, The Citadel Press, New York, 1960.
PAGE 211 Benjamin Peret, *Anthologie des mythes, légendes et contes populaires d'Amérique*, Albin Michel, 2000, « Bibliothèque ».
PAGE 231 Fernando del Paso, *Des nouvelles de l'Empire*, Fayard, 1990.
PAGE 236 Nezahualcoyotl, poète-roi aztèque.
PAGE 254 Octavio Paz, *Le Labyrinthe de la solitude*, Gallimard, 1990, « NRF Essais ».
PAGE 262 Paroles de la chanson *Mexico* de Luis Mariano.

ÉTATS-UNIS
Tijuana
Mexicali
Nogales
Ciudad Juárez
(Rio Grande)
Rio Bravo del Norte
Hermosillo
Golfe de Californie
Chihuahua
Ciudad Obregon
Jiménez
Hidalgo del Parral
Nuevo Laredo
Los Mochis
Sierra Madre occidentale
Sierra Madre orientale
Torreón
Monterrey
Matamoros
Golfe du Mexique
Culiacán
La Paz
Durango
Ciudad Victoria
Cabo Falso
Mazatlán
Zacatecas
Tampico
San Luis Potosí
Aguascalientes
Cancún
Mérida
Valladolid
Tepic
León
Île de Cozume
Puerto Vallarta
Guadalajara
Querétaro
Campeche
Péninsule du Yucatán
Pachuca
Golfe de Campeche
Îles Revillagigedo
(MEXIQUE)
Morelia
Mexico
Jalapa
Véracruz
Chetumal
Colima
Toluca
Ciudad del Carmen
Manzanillo
Cuernavaca
Puebla
Córdoba
Coatzacoalcos
Villahermosa
BELIZE
Sierra Madre méridionale
Isthme de Tehuantepec
Palenque
Oaxaca
Tuxtla Gutiérrez
Acapulco
Sierra Madre de Chiapas
HONDURAS
Puerto Angel
Golfe de Tehuantepec
GUATEMALA
Tapachula
SALVADOR
OCÉAN PACIFIQUE
0 100 200 300 400 500 km
Île Clipperton
(FRANCE)

Illustrations graphiques des doubles pages d'ouverture des chapitres

Motifs tirés de bas-reliefs des principaux temples mayas. Le système d'écriture maya est considéré comme le plus perfectionné des systèmes de la Méso-Amérique. Cette civilisation utilisait 800 signes individuels ou glyphes, qui représentaient des mots ou des syllabes se combinant pour désigner n'importe quel concept. Les inscriptions sur les monuments relataient principalement des événements historiques, les mariages, les naissances, les campagnes militaires et les victoires, ainsi que les faits et gestes des dirigeants et les activités de la dynastie.

Crédits photographiques

(b = bas, h = haut, d = droite, g = gauche, c = centre, m = milieu)

© Pascale Beroujon

p. 10-11, p. 12, p. 13, p. 14, p. 16 g, p. 16 d, p. 17, p. 19, p. 20, p. 21 d, p. 22-23, p. 24, p. 25, p. 26 h g, p. 26 b g, p. 28, p. 29, p. 34-35, p. 36 g, p. 36 d, p. 37, p. 38, p. 39, p. 41, p. 43, p. 44-45, p. 47, p. 48-49, p. 50, p. 51, p. 52-53, p. 54, p. 56, p. 62-63, p. 64, p. 66-67, p. 70, p. 71 g, p. 71 d, p. 74, p. 75 g, p. 75 h c, p. 75 d, p. 75 m c, p. 76, p. 77, p. 80, p. 81, p. 82, p. 83, p. 84, p. 85, p. 90-91p. 92, p. 93 g, p. 93 d, p. 94, p. 95, p. 96, p. 97 h g, p. 97 h d, p. 97 b g, p. 97 c g, p. 97 b g, p. 98 g, p. 99, p. 101, p. 102 g, p. 102 d, p. 103, p. 104-105, p. 106, p. 107, p. 108-109, p. 110 g, p. 110 d, p. 111, p. 118, p. 119, p. 120, p. 121, p. 124, p. 125, p. 126 h c, p. 126 h d, p. 126 b d, p. 127, p. 128, p. 129, p. 130, p. 131, p. 132-133, p. 134, p. 135, p. 140-141, p. 142, p. 143, p. 144, p. 145, p. 146, p. 147, p. 148, p. 150-151, p. 152, p. 153, p. 154 h g, p. 154 h c, p. 154 m d, p. 154 b g, p. 154 b d, p. 155, p. 156, p. 157, p. 160, p. 161, p. 164, p. 165, p. 176, p. 177, p. 178, p. 179, p. 180 h, p. 180 b, p. 181 h g, p. 181 m g, p. 181 m d, p. 181 b g, p. 181 b d, p. 182-183, p. 184, p. 185, p. 186, p. 187, p. 188 h, p. 188 b, p. 189 g, p. 189 h c, p. 189 h d, p. 189 m c, p. 190, p. 192-193, p. 200 h g, p. 202, p. 208, p. 209, p. 210, p. 214, p. 215 h g, p. 215 h c, p. 215 h d, p. 215 b g, p. 215 b c g, p. 215 b c d, p. 215 b d, p. 216, p. 217, p. 226, p. 227, p. 228 h g, p. 228 h d, p. 228 m d, p. 228 b c, p. 228 b d, p. 229 h, p. 232, p. 233, p. 234, p. 237, p. 238, p. 239, p. 240, p. 241, p. 242-243, p. 244, p. 256, p. 257 g, p. 257 d, p. 259, p. 260, p. 261, p. 264 b g, p. 264 b c g, p. 264 b c d, p. 264 b d, p. 265.

© Miquel Dewever-Plana / Agence VU

p. 15, p. 40, p. 159, p. 162-163, p. 170-171, p. 173, p. 175, p. 268-269.

© Jose Manuel Navia / Agence VU

p. 69, p. 116-117, p. 212, p. 224-225.

© Corbis

p. 27 (Swim Ink 2, LLC), p. 57 (Keith Dannemiller), p. 79 (Danny Lehman), p. 172 (Stephanie Maze), p. 181 g sur parchemin (Malcolm Lubliner), p. 198-199 (Ann Johansson), p. 200 h d (Danny Lehman), p. 200 b g (David de la Paz/epa), p. 200 b d (Justin Guariglia), p. 201 (Liba Taylor), p. 203 (Fulvio Roiter), p. 204 (Keith Dannemiller), p. 205 (Macduff Everton), p. 206 (Danny Lehman), p. 207 (Craig Lovell), p. 213 (Stephanie Maze), p. 219 (Farrell Grehan), p. 230 (Frans Lanting), p. 245 (Joseph Sohm / Visions of America), p. 250-251 (Ramin Talaie), p. 252 (Bob Krist), p. 253 (Greg Smith), p. 255 (Macduff Everton), p. 262 (Danny Lehman), p. 264 h g (Paul C. Pet/zefa), p. 264 h c (Craig Lovell), p. 264 h d (Charles & Josette Lenars), p. 266 (Keith Dannemiller), p. 267 (Danny Lehman).

© IStockphoto

p. 21 g (Karin Lau), p. 26 g c (lillisphotography), p. 26 h d (Jennifer Stone), p. 68 (Francisco Velez), p. 72 (Rafael Ramirez Lee), p. 75 m b (Elke Dennis), p. 97 élément détouré, p. 98 d (Alija), p. 126 g (Lo-So-Ma), p. 126 m d (Susana Morales), p. 126 b c (Kathleen & Scott Snowden), p. 126 élément détouré (Dan Thornberg), p. 154 h d (InStock), p. 154 élément détouré (Valerie Loiseleux), p. 180 c (Kelly Keeley-Frost), p. 181 h d (JVT), p. 188 c (Alija), p. 189 b d (Ivana Starcevic), p. 215 élément détouré (Hannahgleg), p. 218 g (Leeuwtje), p. 218 d (Tammy Peluso), p. 228 h c (Cole Vineyard), p. 228 m g (Rafael Ramirez Lee), p. 228 b g (Alexander Wilms), p. 229 m (Bernhard Richter), p. 229 b (Jacus), p. 258 h g (Damir Spanic), p. 258 h c (Diana Bier), p. 258 h d (Jesus Jauregui), p. 258 m g (Jorge Gonzalez), p. 258 m c (Alejandro Loar), p. 258 b g (DJM-photo), p. 258 b d (Valerie Loiseleux), p. 258 sur parchemin (Ranplett), p. 258 élément détouré (Jesus Jauregui).

© Photothèque Hachette

p. 26 b d, p. 26 d sur parchemin, p. 46, p. 65, p. 75 d sur parchemin, p. 97 g et d sur parchemin, p. 154 g et d sur parchemin, p. 181 d sur parchemin, p. 215 g et d sur parchemin, p. 228 d sur parchemin, p. 235.

© Vérascopes Richard-Photothèque Hachette

Bruel : p. 26 g sur parchemin, p. 75 g sur parchemin, p. 123, p. 126 g et d sur parchemin, p. 228 g sur parchemin.

Illustrations des pages d'ouverture de chapitres :
Béatrice Giffo.

Responsable éditoriale Odile Perrard
Suivi éditorial Cécile Beaucourt
Directrice artistique Nancy Dorking
Création graphique et réalisation Anne-Marie Bourgeois
assistée de Ilanit Illouz
Cartographie Cyrille Suss
Relecture-correction Dominique Montembault
Photothèque Hachette Sylvie Gabriel
Fabrication Amandine Sevestre

Imprimé en Chine
Photogravure intérieure Reproscan
Photogravure couverture APS Chromostyle
Dépôt légal septembre 2008
ISBN 978-2-84277-910-8
34/2072/6 - 01